BESTACTIVITYBOOKS.COM

PRIMERA EDICIÓN - 2022

Ilustración Gráfica Extra: www.freepik.com
Gracias a Alekksall, Starline, Pch.vector, Rawpixel.com, Vectorpocket, Dgim-studio, Upklyak, Macrovector, Stockgiu, Pikisuperstar & Freepik.com Designers

5 CONSEJOS PARA EMPEZAR

1) CÓMO RESOLVER LAS SOPA DE LETRAS

Los rompecabezas tienen un formato clásico:

- Las palabras se ocultan sin espacios ni guiones,...
- Orientación: Las palabras pueden escribirse hacia delante, hacia atrás, hacia arriba, hacia abajo o en diagonal (pueden estar invertidas).
- Las palabras pueden superponerse o cruzarse.

2) APRENDIZAJE ACTIVO

Junto a cada palabra hay un espacio para anotar la traducción. Para fomentar un aprendizaje activo, un **DICCIONARIO** al final de esta edición te permitirá comprobar y ampliar tus conocimientos. Busca y anota las traducciones, encuéntralas en el puzzle y añádelas a tu vocabulario!

3) MARCAR LAS PALABRAS

Puedes inventar tu propio sistema de marcado. ¿Quizás ya usas uno? También puedes, por ejemplo, marcar las palabras difíciles de encontrar con una cruz, las que te gustan con una estrella, las nuevas con un triángulo, las raras con un diamante, etc.

4) ESTRUCTURAR EL APRENDIZAJE

Esta edición ofrece un **CUADERNO DE NOTAS** muy práctico al final del libro. En vacaciones, de viaje o en casa, podrás organizar fácilmente tus nuevos conocimientos sin necesidad de un segundo cuaderno!

5) ¿HABÉIS TERMINADO TODAS LAS PARRILLAS?

En las últimas páginas de este libro, en la sección **DESAFÍO FINAL**, encontrarás un juego gratis!

¡Rápido y sencillo! Echa un vistazo a nuestra colección de libros de actividades para tu próximo momento de diversión y aprendizaje, ¡a sólo un clic de distancia!

Encuentre su próximo reto en:

BestActivityBooks.com/MiProximoLibro

En sus marcas, listos, ¡Ya!

¿Sabías que hay unas 7.000 lenguas diferentes en el mundo? Las palabras son preciosas.

Nos encantan los idiomas y hemos trabajado duro para crear libros de la más alta calidad para tí. ¿Nuestros ingredientes?

Una selección de temas adecuados para el aprendizaje, tres buenas porciones de entretenimiento, y luego añadimos una cucharada de palabras difíciles y una pizca de palabras raras. Los servimos con cariño y máxima diversión para que puedas resolver los mejores juegos de palabras y te diviertas aprendiendo!

Tu opinión es esencial. Puedes participar activamente en el éxito de este libro dejándonos un comentario. Nos encantaría saber qué es lo que más le ha gustado de esta edición.

Aquí hay un enlace rápido a tu página de pedidos:

BestBooksActivity.com/Opiniones50

Gracias por tu ayuda y diviértete!

Todo el equipo

1 - Ajedrez

Т	Ж	Ч	О	П	П	О	Н	Е	Н	Т	Р	Ь	П	К
У	Щ	Е	Н	Ю	Ь	Х	С	Ь	В	О	О	Ю	А	О
Р	К	Р	Ъ	Ш	Ц	Х	Н	Ч	Щ	Р	Д	Ф	С	Н
Н	Ч	Н	Л	С	Т	Р	А	Т	Е	Г	И	Я	С	К
И	О	Ы	Р	Р	Д	К	М	Р	Ф	Ю	К	Б	И	У
Р	У	Й	Ч	И	И	Б	О	Ц	С	И	Ч	Ъ	В	Р
Х	Ы	Ы	Р	П	А	В	Т	Р	Е	Ж	О	Л	Н	С
Е	Б	Л	О	У	Г	И	У	Ъ	О	А	Т	Ч	Ы	Д
Ь	Я	Е	К	У	О	Щ	В	Н	Х	Л	Ж	Т	Й	И
М	С	Б	Ы	Т	Н	А	Р	Г	И	И	Ь	С	Ы	Щ
Ь	Щ	Г	Щ	У	А	П	Е	К	Г	В	А	Д	Н	Ь
Ч	О	Б	Т	Т	Л	Ю	М	У	Р	А	Ш	В	М	М
С	Ж	М	Ь	Н	Ь	Щ	Я	А	О	Р	Т	Д	У	Ф
К	О	Р	О	Л	Е	В	А	Г	К	П	Р	Ъ	Х	Н
Ж	Р	Ю	О	Х	У	Ч	Е	М	П	И	О	Н	Ф	У

БЕЛЫЙ
ЧЕМПИОН
КОНКУРС
ДИАГОНАЛЬ
СТРАТЕГИЯ
УМНЫЙ
ИГРА
ИГРОК
ЧЕРНЫЙ
ОППОНЕНТ
ПАССИВНЫЙ
ТОЧКИ
ПРАВИЛА
КОРОЛЕВА
КОРОЛЬ
ЖЕРТВА
ВРЕМЯ
ТУРНИР

2 - Agua

К	О	П	Ю	М	Л	Ш	Ш	Ц	Д	М	П	П	К	И
А	А	З	П	Д	З	У	У	Х	Я	Ш	В	И	С	С
Е	И	Н	Е	Ш	О	Р	О	Ж	Ш	Ю	О	Т	Д	П
Б	Х	О	А	Р	Р	Е	З	Й	Е	Г	Л	Ь	О	А
Ц	Ы	С	Е	Л	О	М	Т	Г	К	Я	Н	Е	Ж	Р
Ц	Х	С	Ж	М	М	Г	Щ	Д	В	Я	Ы	В	Д	Е
Г	Я	У	Ю	Ы	Б	Т	Ы	Ъ	Е	Щ	Ы	О	Ь	Н
О	В	М	В	Д	Ш	С	Н	Е	Г	М	Т	Й	Т	И
П	А	Р	А	Р	В	Л	А	Ж	Н	О	С	Т	Ь	Е
Ш	У	Д	В	Е	И	Н	Е	Н	Д	О	В	А	Н	Н
Ю	Р	Д	И	К	О	К	Е	А	Н	Е	Ж	О	Щ	П
К	А	Л	Ш	А	Б	Ш	О	Ж	Ш	Ь	Л	Щ	Г	И
П	Г	Е	А	Ш	Ж	Ю	Т	Х	Б	Я	Ж	Ю	Л	И
Н	А	Л	Ю	Ь	Ж	Ч	В	Ц	У	Ж	Ю	Б	Ъ	П
Ь	Н	Ъ	Ь	Ь	В	Я	С	Ь	И	С	Б	Ю	Т	Л

КАНАЛ
ДУШ
ИСПАРЕНИЕ
ГЕЙЗЕР
МОРОЗ
ЛЕД
ВЛАЖНОСТЬ
УРАГАН
НАВОДНЕНИЕ
ОЗЕРО
ДОЖДЬ
МУССОН
СНЕГ
ОКЕАН
ВОЛНЫ
ПИТЬЕВОЙ
ОРОШЕНИЕ
РЕКА
ПАР

3 - Arqueología

Ц	Р	И	З	Ь	Х	Ч	Г	Ч	Г	П	О	Б	Щ	Д
И	Е	С	П	А	У	Л	Г	Щ	Ю	О	М	Ю	В	Р
В	Л	С	Р	В	Б	Щ	У	В	И	Т	С	О	К	Е
И	И	Л	О	Ы	Щ	Ы	Л	Ъ	М	О	Ч	М	П	В
Л	К	Е	Ф	А	Л	А	Т	Г	Ш	М	С	О	Р	Н
И	В	Д	Е	Э	П	А	Р	Ы	Д	О	Г	Г	А	О
З	И	О	С	О	Р	Ь	Е	Т	Й	К	Л	И	Т	С
А	Я	В	С	Ъ	О	А	П	К	А	О	Ю	Л	А	Т
Ц	В	А	О	М	Ц	П	С	Е	Ь	Н	Я	А	Й	Ь
И	Р	Т	Р	Р	Е	Н	К	Ъ	Е	Л	А	Ы	Н	Ц
Я	Ф	Е	Ш	Г	Н	Р	Э	Б	Ы	Ф	Л	Л	А	Ж
Н	В	Л	У	Б	К	П	Ъ	О	И	Л	П	У	И	Ы
В	К	Ь	Д	А	А	Д	Н	А	М	О	К	Ы	Щ	З
Н	Е	И	З	В	Е	С	Т	Н	Ы	Й	Х	Р	А	М
И	С	К	О	П	А	Е	М	О	Е	Ш	К	Щ	Б	О

АНАЛИЗ
ДРЕВНОСТЬ
ГОДЫ
ЦИВИЛИЗАЦИЯ
ПОТОМОК
НЕИЗВЕСТНЫЙ
КОМАНДА
ЭРА
ОЦЕНКА
ЭКСПЕРТ
ИСКОПАЕМОЕ
КОСТИ
ИССЛЕДОВАТЕЛЬ
ТАЙНА
ОБЪЕКТЫ
ЗАБЫТЫЙ
ПРОФЕССОР
РЕЛИКВИЯ
ХРАМ
МОГИЛА

4 - Granja #2

П	У	Т	К	Я	Т	У	А	Ь	Ч	Щ	Л	А	Д	О
Ш	Е	С	Д	Г	Л	О	Л	Н	Р	Е	М	Р	Е	Ф
Е	Ю	Ч	В	Н	Ш	Р	С	Е	Ф	Д	Ы	Х	С	Е
Н	У	Л	Ж	Е	К	О	Д	М	Й	А	Ц	В	О	С
И	Д	Б	Т	Н	Ъ	Ш	Д	Ч	У	Т	К	А	К	П
Ц	Р	Г	Б	О	Л	Е	Н	Я	П	Т	Ш	О	О	Ъ
А	П	Ю	И	К	Т	Н	У	Д	Е	Р	Ш	М	Л	С
У	Р	А	Б	М	А	И	Т	К	Д	А	Е	Х	О	А
Ш	Л	Ф	С	Г	Ш	Е	Н	И	Л	К	Д	Л	М	Д
А	М	Ь	Е	Т	Ф	Р	У	К	Т	Т	О	В	О	Щ
Л	Т	Б	Н	Я	И	Е	Я	Ф	У	О	Ш	Ц	Д	Н
К	А	З	У	Р	У	К	У	К	О	Р	М	Ч	Ш	П
Г	Ш	М	Щ	Д	М	Ю	Ж	И	В	О	Т	Н	Ы	Е
Ъ	Д	Р	А	Л	У	Г	У	П	Ъ	О	Б	Ч	Б	Н
Я	Ч	О	Ъ	Ъ	Ю	Ъ	Г	О	Г	А	Ю	Л	Ж	Л

ФЕРМЕР
ЖИВОТНЫЕ
ЯЧМЕНЬ
УЛЕЙ
ЕДА
ЯГНЕНОК
ФРУКТ
АМБАР
САД
МОЛОКО
ЛАМА
КУКУРУЗА
ОВЦА
ПАСТИ
УТКА
ЛУГ
ОРОШЕНИЕ
ТРАКТОР
ПШЕНИЦА
ОВОЩ

5 - Pesca

У	Ы	Х	Я	О	К	О	Р	З	И	Н	А	С	С	Т
О	О	Ш	О	З	Ь	Т	С	Ю	Л	Е	Ч	Щ	Я	Г
П	Б	Ж	Ь	Е	П	И	Е	Т	О	С	Е	З	О	Н
Р	Ц	О	П	Р	Л	Р	В	Ю	Д	К	Р	Ю	К	Ш
Е	Ъ	Ы	Р	О	Ь	Ы	О	Ь	К	Б	Ч	М	В	Ж
У	Ч	Ь	К	У	Ъ	Ф	М	В	А	К	Е	Р	Х	А
В	Т	Д	Е	Ь	Д	К	К	О	О	Ж	В	Щ	Ъ	Б
Е	Ю	Ш	И	А	Л	О	Щ	А	Т	Д	Х	Е	Ы	Р
Л	Ь	Ю	Н	К	Ш	Т	В	А	М	К	В	Ц	Я	Ы
И	Ч	Т	Е	Н	И	Ф	К	А	Е	К	О	И	П	Ъ
Ч	Ц	П	П	А	У	Н	Ж	А	Н	Б	Д	Ь	У	Ь
Е	Н	У	Р	М	М	Я	В	Ц	Ю	И	А	Н	Ь	Ч
Н	И	Ю	Е	И	О	К	Е	А	Н	В	Е	Ъ	Ъ	В
И	Ш	Ж	Т	Р	Ф	Л	Ж	Я	Л	П	Ц	Б	Ф	А
Е	Т	Л	Ь	П	П	О	В	А	Р	П	Б	Ч	П	И

ВОДА
ПЛАВНИКИ
ЛОДКА
ЖАБРЫ
ПРОВОД
ПРИМАНКА
КОРЗИНА
ПОВАР
ОБОРУДОВАНИЕ
ПРЕУВЕЛИЧЕНИЕ
КРЮК
ОЗЕРО
ЧЕЛЮСТЬ
ОКЕАН
ТЕРПЕНИЕ
ВЕС
ПЛЯЖ
РЕКА
СЕЗОН

6 - Aviones

Д	В	О	З	Д	У	Ш	Н	Ы	Й	Ш	А	Р	П	П
В	В	В	Ы	С	О	Т	А	Ф	Ы	Ч	Г	М	А	Р
Э	О	И	Щ	Ю	Ж	У	В	Я	И	Р	О	Т	С	И
К	Ч	З	Г	Ж	И	С	Ц	Б	Л	Ж	Я	Я	С	К
И	А	Т	Д	А	Д	О	Г	О	П	Г	Г	Р	А	Л
П	Р	А	Ч	У	Т	П	Г	Щ	Ь	Г	Т	Я	Ж	Ю
А	Е	Б	Ш	Ы	Х	Е	Н	Ь	И	М	Ю	Е	И	Ч
Ж	Ф	А	Щ	С	Ф	У	Л	Щ	Н	Е	Б	О	Р	Е
Т	С	О	О	Т	А	Е	Ж	Ь	Д	П	Т	К	Ъ	Н
П	О	В	Т	С	Ь	Л	Е	Т	И	О	Р	Т	С	И
И	М	П	П	Р	О	П	Е	Л	Л	Е	Р	Ы	Г	Е
Л	Т	Ц	Л	Н	А	Д	У	В	А	Т	Ь	Г	Ф	Р
О	А	Ь	Е	И	Н	Е	Л	В	А	Р	П	А	Н	У
Т	У	Ж	Ы	Щ	В	Д	И	З	А	Й	Н	П	Щ	М
Ш	А	К	Д	А	С	О	П	В	О	Д	О	Р	О	Д

ВОЗДУХ
ВЫСОТА
ПОСАДКА
АТМОСФЕРА
ПРИКЛЮЧЕНИЕ
НЕБО
ПОГОДА
ТОПЛИВО
СТРОИТЕЛЬСТВО
НАПРАВЛЕНИЕ
ДИЗАЙН
ВОЗДУШНЫЙ ШАР
ПРОПЕЛЛЕРЫ
ВОДОРОД
ИСТОРИЯ
НАДУВАТЬ
ДВИГАТЕЛЬ
ПАССАЖИР
ПИЛОТ
ЭКИПАЖ

7 - Tipos de Cabello

Ъ	Б	К	П	М	Я	Г	К	И	Й	Т	Т	А	О	Н
Г	Л	У	Л	Ь	Ы	А	М	Ш	Ы	О	Ф	Ъ	Ж	А
Ц	О	Д	Е	У	Л	У	А	А	Р	Н	С	Я	Т	В
Ю	Н	Р	Т	К	Т	А	Д	Ц	Е	К	К	Ы	Г	А
Ю	Д	Я	Е	О	И	Ь	К	С	С	И	Р	Д	У	К
Ш	И	В	Н	С	И	Щ	М	С	Р	Й	Ы	С	Ы	Л
А	Н	Ы	Ы	Ы	Я	Ж	С	Е	Р	Е	Б	Р	О	Б
С	И	Й	Й	Ы	В	О	Р	О	Д	З	Ы	Б	М	Л
С	У	Х	О	Й	К	О	Р	О	Т	К	А	Я	Ц	Е
Д	Л	И	Н	Н	Ы	Й	К	И	А	Ы	Щ	Л	Ч	С
Г	Б	Ы	Л	Ь	Ч	С	Ю	Ч	Н	Щ	Р	Б	Н	Т
Ф	Е	С	Ж	Л	Ъ	Х	Д	С	М	А	Р	П	Ь	Я
Х	Л	К	О	Р	И	Ч	Н	Е	В	Ы	Й	С	Е	Щ
Д	Ы	Ч	Е	Р	Н	Ы	Й	Ы	Т	С	Л	О	Т	И
С	Й	А	Д	П	Н	Ф	Х	Л	Б	Н	Л	Ю	Е	Й

БЕЛЫЙ
БЛЕСТЯЩИЙ
СКАЛЬП
ЛЫСЫЙ
КОРОТКАЯ
ТОНКИЙ
СЕРЫЙ
ТОЛСТЫЙ
ДЛИННЫЙ
КОРИЧНЕВЫЙ

ЧЕРНЫЙ
СЕРЕБРО
КУДРЯВЫЙ
КУДРИ
БЛОНДИН
ЗДОРОВЫЙ
СУХОЙ
МЯГКИЙ
ПЛЕТЕНЫЙ
КОСЫ

8 - Ciencia Ficción

Э	К	С	Т	Р	Е	М	А	Л	Ь	Н	Ы	Й	Ы	Р
Ф	Ж	Н	Ф	Ф	В	В	О	О	Ж	И	Ц	Б	Ф	Е
Ц	К	Л	Н	Й	О	Ы	З	Г	П	Ю	Е	Л	Е	А
К	Л	О	Н	Ы	О	В	Л	Р	О	Ъ	Ф	Ъ	П	Л
О	Д	Н	Я	Н	Б	Л	Ц	И	Ы	Н	О	Ф	Л	И
Р	И	И	О	Н	Р	Ъ	Н	М	С	В	Ь	Б	У	С
А	Е	К	Я	Е	А	К	И	Т	К	А	Л	А	Г	Т
К	Л	Н	Р	В	Ж	С	Ц	Е	Н	А	Р	И	Й	И
У	О	И	О	Т	А	Я	И	П	О	Т	У	Г	Й	Ч
Л	Ц	Л	Б	С	Е	Ш	В	Я	Л	Г	Ч	И	Ы	Н
Р	Л	Л	О	Н	М	Р	Ь	Б	Н	А	Ъ	Н	Н	Ы
Ч	Ф	Ю	Т	И	Ы	Х	К	П	Я	Ц	Н	К	М	Й
У	Ь	З	Ы	А	Й	Р	О	М	А	Н	Ы	Е	О	Ш
Щ	Б	И	Ь	Т	Б	И	П	Д	Ц	Д	Х	Ц	Т	И
Ш	К	Я	И	Г	О	Л	О	Н	Х	Е	Т	Ъ	А	А

АТОМНЫЙ
КИНО
КЛОНЫ
СЦЕНАРИЙ
ВЗРЫВ
ЭКСТРЕМАЛЬНЫЙ
ОГОНЬ
ГАЛАКТИКА
ИЛЛЮЗИЯ
ВООБРАЖАЕМЫЙ
КНИГИ
ТАИНСТВЕННЫЙ
МИР
РОМАНЫ
ОРАКУЛ
ПЛАНЕТА
РЕАЛИСТИЧНЫЙ
РОБОТЫ
ТЕХНОЛОГИЯ
УТОПИЯ

9 - Granja #1

Л	Ф	Ц	Ь	Д	Ы	Е	У	К	Р	П	Р	А	Х	Л
В	З	Е	М	Л	Я	Л	Д	Ж	О	М	Ф	Ч	О	Ы
Х	Е	Л	Г	Ю	У	Ф	О	Ю	Д	Р	Д	Ы	Б	Ы
У	Я	Е	Ь	Е	Б	С	Б	П	А	Д	О	В	Л	А
М	Щ	Т	Н	В	Л	Ш	Р	Т	Т	Н	П	В	Я	Я
Ф	Г	Ч	У	Т	П	О	Е	О	С	Е	Н	О	А	Х
Л	Р	Ж	Ю	Ч	Д	Е	Н	А	Я	Ь	Е	Г	К	У
З	А	Б	О	Р	У	О	И	Ф	Ж	Х	У	Е	А	Ш
Ш	Ы	Р	Ц	П	С	У	Е	С	Ь	И	Щ	Н	Б	К
Ь	Д	А	Ш	О	Л	Е	С	О	Е	Т	П	М	О	У
Ж	Т	З	Д	Л	К	Х	М	Л	Б	Ы	Т	Н	С	Р
Д	Ы	О	Т	Е	У	Б	Ю	Е	С	Б	А	Н	Е	И
И	Щ	К	С	М	М	Т	У	А	Н	О	Р	О	В	Ц
К	О	Ш	К	А	Л	Е	Ч	П	Ф	А	И	Е	Т	А
Щ	Д	К	М	М	И	Ш	А	Ъ	Ы	П	С	Т	Ц	М

ПЧЕЛА
ВОДА
РИС
ОСЕЛ
ЛОШАДЬ
КОЗА
ПОЛЕ
ВОРОНА
УДОБРЕНИЕ
КОШКА
СЕНО
МЕД
СОБАКА
КУРИЦА
СТАДО
СЕМЕНА
ТЕЛЕЦ
ЗЕМЛЯ
КОРОВА
ЗАБОР

10 - Camping

В	Щ	У	Р	О	О	Р	Е	З	О	Л	Щ	В	Ю	Ь
Е	Е	Х	И	Я	Б	П	Б	У	Ю	Е	У	Ш	Ь	Я
Р	Ь	Ц	Д	С	О	К	А	М	С	Г	Ч	Н	Ь	У
Е	П	И	Ы	Ц	Р	У	Ш	Л	П	О	Ф	Ч	А	Г
В	Ж	Л	В	Ы	У	Д	Б	М	А	Т	Я	Х	Р	А
К	Ы	Ж	Б	Т	Д	К	Щ	И	Н	Т	Ч	Б	О	М
А	Е	Ы	Н	Т	О	В	И	Ж	Ь	Д	К	Д	Г	А
Ф	К	П	Ъ	А	В	О	Г	О	Н	Ь	П	А	Я	К
Д	О	Ь	В	И	А	Т	О	Х	О	К	Р	Ь	М	П
К	Ш	Н	Е	И	Н	Е	Ч	Ю	Л	К	И	Р	П	К
У	Щ	К	А	Х	И	Ш	Л	Я	П	А	Р	П	Т	Ы
Я	Ь	В	Е	Р	Е	Д	Ж	Г	О	Л	О	Х	О	Ь
М	Н	В	Ж	Л	Ь	К	Н	Д	Л	Е	Д	С	Т	Ч
К	О	М	П	А	С	Т	Л	Г	И	С	А	У	Ю	Ы
К	А	Р	Т	А	К	А	Н	О	Э	У	Ю	Л	В	Ч

ЖИВОТНЫЕ
ПРИКЛЮЧЕНИЕ
ДЕРЕВЬЯ
ЛЕС
КОМПАС
КАНОЭ
ПАЛАТКА
ОХОТА
ВЕРЕВКА
ОБОРУДОВАНИЕ
ОГОНЬ
ГАМАК
ОЗЕРО
ФОНАРЬ
ЛУНА
КАРТА
ГОРА
ПРИРОДА
ШЛЯПА

11 - Fruta

Б	В	И	Н	О	Г	Р	А	Д	Я	Ю	Ц	М	Б	Щ
А	Ы	Ю	Д	К	Ь	И	Т	Ш	Л	П	Ч	Щ	Ю	Ь
Ы	Х	М	Л	И	И	М	А	Н	Г	О	П	Ж	У	Г
Г	К	И	В	И	М	А	Л	И	Н	А	Ю	Е	Б	Р
Н	Е	К	Т	А	Р	И	Н	П	Ф	Р	Ж	В	Т	У
О	К	М	М	П	М	Щ	К	С	А	Н	А	Н	А	Ш
К	Р	А	В	О	К	А	Д	О	Б	П	К	Ь	Д	А
О	Н	А	Я	М	П	Н	Б	Ь	А	Г	А	А	О	Л
Л	Ь	Н	Н	Ь	Р	Я	Ж	Ь	Н	Ц	И	Й	Г	Л
Б	Г	Х	Ш	Ж	С	Ь	К	Ш	А	У	Ы	Р	Я	Ж
Я	У	Ь	И	И	Е	И	Ф	К	Н	Т	О	Ь	И	К
Н	А	Н	В	О	Ф	В	Ь	С	О	К	И	Р	Б	А
Ы	В	М	П	Б	Г	Ю	Ы	Ж	С	К	Ц	Н	Х	А
Д	А	Л	И	М	О	Н	Ь	Й	Ц	Ч	О	Е	Е	В
Г	Д	Б	Б	С	Ш	П	Е	Р	С	И	К	С	У	М

АВОКАДО
АБРИКОС
ЯГОДА
ВИШНЯ
КОКОС
МАЛИНА
ГУАВА
КИВИ
ЛИМОН
МАНГО
ЯБЛОКО
ПЕРСИК
ДЫНЯ
ОРАНЖЕВЫЙ
НЕКТАРИН
ПАПАЙЯ
ГРУША
АНАНАС
БАНАН
ВИНОГРАД

12 - Geología

З	И	Г	Ш	Щ	С	К	Ш	У	В	А	Т	Н	Л	С
Т	Е	Н	П	Ь	Л	О	С	Ф	О	Щ	Б	К	А	Т
К	О	М	Ы	Т	О	Р	Е	З	Й	Е	Г	А	В	А
А	М	М	Л	Н	Й	А	К	В	А	Р	Ц	Л	А	Л
М	Е	И	Л	Е	А	Л	Т	Л	Ю	Х	К	Ь	Я	А
Е	А	Н	А	Н	Т	Л	У	М	Г	Ю	Г	Ц	Х	Г
Н	П	Е	Т	И	О	Р	Ш	О	Р	Г	У	И	Г	М
Ь	О	Р	С	Т	Л	Б	Я	Б	Ф	Н	Д	Й	Е	И
Щ	К	А	И	Н	С	А	И	С	У	П	Ю	Ч	Х	Т
В	С	Л	Р	О	И	С	З	Щ	Е	Н	Л	Е	В	Ы
У	И	Ы	К	К	К	Ъ	О	У	О	Н	Т	А	П	Щ
Л	Ц	Н	Ж	Н	Ш	П	Р	Ъ	Ы	У	И	Б	Т	М
К	Б	К	Х	Ч	Л	Ч	Э	Ф	Ж	М	Ф	Е	А	О
А	В	С	Т	А	Л	А	К	Т	И	Т	Ы	Р	Р	В
Н	Ц	Р	Ш	Г	М	О	Ш	П	Е	Щ	Е	Р	А	О

КИСЛОТА
КАЛЬЦИЙ
СЛОЙ
ПЕЩЕРА
КОНТИНЕНТ
КОРАЛЛ
КРИСТАЛЛЫ
КВАРЦ
ЭРОЗИЯ
СТАЛАКТИТ
СТАЛАГМИТЫ
ИСКОПАЕМОЕ
ГЕЙЗЕР
ЛАВА
ПЛАТО
МИНЕРАЛЫ
КАМЕНЬ
СОЛЬ
ЗЕМЛЕТРЯСЕНИЕ
ВУЛКАН

13 - Inmigración

Г	Х	Ь	Б	Л	Д	О	К	У	М	Е	Н	Т	Ы	К
Л	Р	Р	К	Д	И	И	П	Ю	Ж	Р	Ь	Ш	Я	О
П	О	М	О	Щ	Ь	О	Р	Щ	Ж	Ш	Р	Л	И	М
Г	Ь	Х	Р	Ы	И	Д	Ф	Е	П	Ъ	Ш	Е	Ц	М
Р	Я	И	Ц	А	Р	Т	С	И	Н	И	М	Д	А	У
А	Р	Е	Ш	Е	Н	И	Е	Д	Ц	Т	Д	П	У	Н
Н	Я	О	Г	Д	Е	М	С	Е	С	Е	Р	Р	Т	И
И	Ч	Ю	О	Ъ	Ч	Т	Т	О	Х	Д	Р	О	И	К
Ц	Е	И	Н	Е	Д	Ж	Р	Е	В	Т	У	Ц	С	А
Ы	У	З	Х	О	Е	Г	Е	М	Б	Ю	Я	Е	К	Ц
Щ	Я	А	Д	Е	Ы	Л	С	О	Р	З	В	С	И	И
В	З	Щ	Ч	Х	А	Я	С	И	Я	Щ	У	С	К	Я
А	Ы	И	Ф	К	Р	А	Й	Н	И	Й	С	Р	О	К
Б	К	Т	Ю	П	Е	Р	Е	Г	О	В	О	Р	Ы	Ы
М	Г	А	Ж	И	Л	Ь	Е	З	А	К	О	Н	Л	Ю

АДМИНИСТРАЦИЯ
ВЗРОСЛЫЕ
УТВЕРЖДЕНИЕ
ПОМОЩЬ
КОММУНИКАЦИЯ
ДОКУМЕНТЫ
СТРЕСС
КРАЙНИЙ СРОК
ГРАНИЦЫ
ЯЗЫК
ЗАКОН
ПЕРЕГОВОРЫ
ДЕТИ
ОФИЦЕР
ПРОЦЕСС
ЗАЩИТА
СИТУАЦИЯ
РЕШЕНИЕ
ЖИЛЬЕ

14 - Álgebra

Ъ	М	П	Х	М	С	Т	О	Я	Г	Ц	Х	П	А	У
К	А	Р	Ю	Ы	Ж	В	Ч	Ж	Н	Э	Щ	Ю	Ч	П
Ь	Т	О	Й	Ы	Н	Ч	Е	Н	О	К	С	Е	Б	Р
Х	Р	Б	Д	Я	И	Ы	Ж	Р	Х	С	Н	И	У	О
К	И	Л	Е	И	Н	Е	Л	Е	Д	П	У	Н	Х	Щ
О	Ц	Е	Ы	Ц	А	Й	Ы	Н	Ж	О	Л	Е	Я	А
Л	А	М	Ж	К	К	Г	Ю	И	П	Н	Ь	Ш	Я	Т
И	Л	А	П	А	Б	В	Р	П	Р	Е	Я	Е	Ф	Ь
Ч	И	Ю	О	Р	О	Д	О	А	Ф	Н	Щ	Р	О	Т
Е	Н	Ъ	К	Ф	К	Н	Щ	Я	М	Т	Ч	Л	Р	Р
С	Е	Ч	Ш	Б	С	С	Щ	Ж	Д	М	Б	Ю	М	Н
Т	Й	И	Ф	А	К	Т	О	Р	Т	Ш	А	М	У	С
В	Н	С	У	Р	А	В	Н	Е	Н	И	Е	Х	Л	И
О	Ы	Л	Ц	В	Ы	Ч	И	Т	А	Н	И	Е	А	Р
П	Й	О	П	Е	Р	Е	М	Е	Н	Н	А	Я	Ж	О

КОЛИЧЕСТВО
НУЛЬ
ДИАГРАММА
ДЕЛЕНИЕ
УРАВНЕНИЕ
ЭКСПОНЕНТ
ФАКТОР
ЛОЖНЫЙ
ФОРМУЛА
ФРАКЦИЯ
БЕСКОНЕЧНЫЙ
ЛИНЕЙНЫЙ
МАТРИЦА
ЧИСЛО
СКОБКА
ПРОБЛЕМА
ВЫЧИТАНИЕ
УПРОЩАТЬ
РЕШЕНИЕ
ПЕРЕМЕННАЯ

15 - Plantas

Б	А	М	Б	У	К	Б	С	Щ	Ю	Л	П	О	Ш	Б
Щ	О	М	Ц	Х	У	Я	Ь	К	И	Е	И	К	Щ	О
Л	Е	П	Е	С	Т	О	К	О	Ы	Ю	Ф	С	Н	Т
Г	Ф	Л	Ы	У	Ч	В	С	Р	У	И	Е	Е	Т	А
Ц	А	Д	А	Т	Ч	Е	Ч	Е	Д	У	Р	Л	С	Н
Ф	К	Ч	М	К	Т	Р	Ъ	Н	Ц	Ф	Ж	Ю	У	И
М	Л	И	М	А	Ч	Е	Н	Ь	Б	Х	С	Т	К	К
В	Ж	Б	А	К	Ю	Д	Р	Ь	Н	Я	О	В	Ц	А
Ь	С	Н	Е	Я	А	А	К	Я	Ш	Л	Л	Е	Е	Р
А	Х	К	Ф	Я	Ч	С	Т	Л	Т	С	Н	Н	Я	О
Я	Г	О	Д	А	Ю	Я	У	Ь	Т	Ж	Ц	Щ	Ф	Л
Ю	Х	Т	М	А	Л	О	У	Е	Щ	Р	Е	П	С	Ф
М	Ч	Е	И	Н	Е	Р	Б	О	Д	У	А	Р	Е	Щ
Б	А	В	Т	С	И	Л	О	Х	Л	В	Ф	В	Б	Е
Я	Ъ	Ц	П	К	Я	П	Б	Л	К	Ч	Ш	М	А	Н

КУСТ
ДЕРЕВО
БАМБУК
ЯГОДА
ЛЕС
БОТАНИКА
КАКТУС
УДОБРЕНИЕ
ЦВЕТОК
ФЛОРА
ЛИСТВА
БОБ
ПЛЮЩ
ТРАВА
ЛИСТ
САД
МОХ
ЛЕПЕСТОК
КОРЕНЬ
СОЛНЦЕ

16 - Suministros de Arte

Ш	П	Ц	Ф	Ц	Ю	И	Т	А	К	П	И	С	Г	Р
Ы	Л	Н	Д	Г	Ж	Д	Г	Р	Р	П	Ф	Т	Ч	Ы
Ж	Х	Щ	И	Ц	Ъ	Е	Ы	Е	Е	Ь	Д	У	В	Ж
Л	А	С	Т	И	К	И	Ю	М	А	Б	П	Л	К	К
Ч	Н	П	А	К	Я	К	Д	А	Т	Ч	Ь	Я	М	Н
Е	И	А	К	С	Г	П	Ш	К	И	К	Ы	Л	О	Х
Р	Л	С	Р	А	Т	Е	В	Ц	В	Ъ	Д	Ю	О	Ь
Н	Г	Т	И	Р	И	Ш	А	Д	Н	А	Р	А	К	М
И	Й	Е	Л	К	К	Ч	Б	Ы	О	Щ	Е	Т	К	И
Л	П	Л	О	Ъ	Ю	Ж	О	Г	С	Ф	Ж	О	Ж	Ш
А	Т	И	В	У	Л	П	Ъ	Ж	Т	О	Ц	К	Ц	М
В	У	О	Ы	П	К	И	Д	В	Ь	С	Ю	Ш	Я	А
И	О	Ш	Й	Г	Щ	Д	Щ	О	Я	Х	Т	Ы	Ц	С
И	А	Д	А	К	В	А	Р	Е	Л	И	Ю	О	Л	Л
Д	Ф	Б	А	Г	А	М	У	Б	Ю	П	Е	С	Л	О

МАСЛО
АКРИЛОВЫЙ
АКВАРЕЛИ
ВОДА
ГЛИНА
ЛАСТИК
МОЛЬБЕРТ
КАМЕРА
ЩЕТКИ
ЦВЕТА
КРЕАТИВНОСТЬ
ИДЕИ
КАРАНДАШИ
СТОЛ
БУМАГА
ПАСТЕЛИ
КЛЕЙ
КРАСКИ
СТУЛ
ЧЕРНИЛА

17 - Negocio

М	Н	А	Л	О	Г	И	Д	И	Н	Ш	С	Р	В	С
П	А	Т	Ю	Л	А	В	Е	Ы	У	Г	Т	А	М	К
Р	К	Г	П	Ю	Ж	Ц	Н	У	Т	Ш	О	Б	Ч	И
О	Л	А	А	Т	Г	Е	Ь	С	Р	Ы	И	О	Х	Д
Д	Е	Ц	Я	З	И	К	Г	Б	А	У	М	Т	Б	К
А	Д	А	У	Ъ	И	И	И	У	Ъ	Щ	О	О	Ю	А
Ж	С	Б	Ц	Ы	С	Н	А	Н	И	Ф	С	Д	Д	Б
А	И	Н	В	Е	С	Т	И	Ц	И	И	Т	А	Ж	Я
Ж	Ф	Ч	Я	Ф	К	О	Х	Ю	Я	Я	Ь	Т	Е	Р
Л	О	Ф	И	В	В	Б	Ц	Ч	Б	Ю	Я	Е	Т	А
З	А	В	О	Д	Т	А	А	К	Ф	Ч	Б	Л	И	Б
Я	Ц	Ъ	Л	Х	О	Р	Н	Щ	А	П	О	Ь	П	О
Г	Х	Г	Х	Ь	В	К	А	Р	Ь	Е	Р	А	К	Т
Ц	К	Ю	Е	Я	А	К	И	М	О	Н	О	К	Э	А
С	Ь	Я	К	Ш	Р	К	О	М	П	А	Н	И	Я	Г

КАРЬЕРА
СТОИМОСТЬ
СКИДКА
ДЕНЬГИ
ЭКОНОМИКА
РАБОТНИК
РАБОТОДАТЕЛЬ
КОМПАНИЯ
ЗАВОД
ФИНАНСЫ

НАЛОГИ
ИНВЕСТИЦИИ
ТОВАР
ВАЛЮТА
ОФИС
БЮДЖЕТ
МАГАЗИН
РАБОТА
СДЕЛКА
ПРОДАЖА

18 - Jardín

Ч	У	Ц	Щ	Ш	И	Ч	Ю	Т	Л	Н	Ч	Р	А	Б
Ь	О	Ы	М	П	Ь	Щ	Ц	Щ	Н	У	Е	Ф	Ш	А
Ъ	Ц	Т	Р	О	М	Х	М	Р	А	К	М	С	Г	Т
Я	С	Р	Ы	Т	Ь	Х	К	У	С	Т	Р	К	Р	У
Ь	С	А	В	Ч	О	П	А	Г	Г	С	Б	А	А	Т
О	К	В	М	Ю	К	Х	М	М	А	Ь	Б	М	Б	Ц
Ц	Д	А	Ь	Ю	Р	Ы	А	Ъ	С	Р	Х	Ь	Л	Т
Ь	В	Е	Б	Х	С	Ъ	Г	К	А	Ч	К	Я	И	И
Л	Х	Е	Р	З	И	Ь	Ч	П	Р	У	Д	Ц	Н	Р
Ы	С	Ю	Т	Е	А	Ю	Ъ	Ф	Р	Ж	А	Р	А	Г
Р	Е	У	Т	О	В	Б	Т	Ш	Е	А	С	Т	Т	Н
К	Ш	Ц	Ц	Ж	К	О	О	Д	Т	П	Л	Ф	А	А
Л	У	Ж	А	Й	К	А	Ш	Р	Ъ	Б	Д	А	П	Л
С	О	Р	Н	Я	К	И	Ц	Ч	Д	Ю	Ъ	Х	О	Ш
Д	Щ	П	О	Ш	Е	Р	Ю	Я	Ч	Б	Ь	С	Л	Ж

КУСТ
ДЕРЕВО
СКАМЬЯ
ЛУЖАЙКА
ПРУД
ЦВЕТОК
ГАРАЖ
ГАМАК
ТРАВА
САД
СОРНЯКИ
ШЛАНГ
ЛОПАТА
КРЫЛЬЦО
ГРАБЛИ
ПОЧВА
ТЕРРАСА
БАТУТ
ЗАБОР

19 - Países #2

И	У	М	Х	К	Ы	В	Т	Д	Х	У	Е	Т	Б	Э
У	Р	Б	Я	М	А	Й	К	А	А	Ч	Ч	М	М	Ф
Д	К	Л	Л	А	О	С	О	Ъ	У	Н	Щ	Я	Е	И
Л	Ш	Р	А	Г	Р	Е	Ц	И	Я	Ш	И	Р	К	О
Л	Ф	Г	А	Н	А	Т	С	И	К	А	П	Я	С	П
И	У	Р	Я	И	Д	Я	П	О	Н	И	Я	М	И	И
Ч	Д	А	Ю	Р	Н	И	Р	О	С	С	И	Я	К	Я
П	С	Ш	Н	Г	А	А	Я	С	У	Д	А	Н	А	И
Д	Б	Ь	Ю	И	Н	Д	О	Н	Е	З	И	Я	Ц	Н
А	В	С	Т	Р	А	Л	И	Я	С	И	Р	И	Я	А
Д	П	О	Р	Т	У	Г	А	Л	И	Я	Х	Ц	Х	Б
Н	Ш	Щ	В	Б	Н	Е	Ы	Е	А	О	К	Н	К	Л
А	В	С	Т	Р	И	Я	С	Ц	Ц	О	Ъ	А	Ф	А
Г	Ч	Т	У	Ц	Г	Н	Ч	Ш	Ь	Ш	Ч	Р	Ъ	Щ
У	Ю	Б	Ъ	Ж	Т	Ш	О	Ж	И	С	Г	Ф	Ю	Д

АЛБАНИЯ
АВСТРАЛИЯ
АВСТРИЯ
ДАНИЯ
ЭФИОПИЯ
ФРАНЦИЯ
ГРЕЦИЯ
ИНДОНЕЗИЯ
ИРЛАНДИЯ
ЯМАЙКА
ЯПОНИЯ
ЛАОС
МЕКСИКА
ПАКИСТАН
ПОРТУГАЛИЯ
РОССИЯ
СИРИЯ
СУДАН
УКРАИНА
УГАНДА

20 - Números

Д	Т	Р	И	Н	А	Д	Ц	А	Т	Ь	У	Щ	Д	Ч
В	Ь	Т	А	Ц	Д	А	Н	Е	В	Д	С	Д	Е	Е
А	Ч	Р	Ъ	Я	Л	Ь	П	К	Ь	Ь	М	Е	С	Т
Ю	А	И	Д	К	Д	Т	Л	Е	Т	Ь	О	В	Я	Ы
В	О	С	Е	М	Н	А	Д	Ц	А	Т	Ь	Я	Т	Р
П	Я	Т	Ь	А	Л	Ц	А	Д	Ц	А	Т	Т	И	Е
Ю	Ы	Ю	Е	Ц	П	Д	Р	Е	Д	Ц	Я	Н	Ч	Д
Н	Л	Л	В	В	Ф	А	А	В	А	Д	С	А	Н	В
Ш	А	В	К	Д	Н	Н	Л	Я	Н	А	Е	Д	Ы	А
В	О	С	Е	М	Ь	Р	Ш	Т	М	Н	Д	Ц	Й	Д
С	У	Ъ	Т	Ч	Ю	Ы	Ш	Ь	Е	Т	О	А	Р	Ц
Н	У	Л	Ь	И	Ф	Т	М	Е	С	Я	Ж	Т	С	А
Л	Е	Н	С	Ц	Ц	Е	Ю	О	С	П	Л	Ь	Н	Т
Ж	Ь	Ф	С	Б	П	Ч	Щ	А	Ю	Т	М	Ь	С	Ь
Ш	Е	С	Т	Н	А	Д	Ц	А	Т	Ь	Ь	Л	Я	Г

ЧЕТЫРНАДЦАТЬ
НУЛЬ
ПЯТЬ
ЧЕТЫРЕ
ДЕСЯТИЧНЫЙ
ДЕВЯТНАДЦАТЬ
ВОСЕМНАДЦАТЬ
ШЕСТНАДЦАТЬ
СЕМНАДЦАТЬ
ДЕСЯТЬ
ДВЕНАДЦАТЬ
ДВА
ДЕВЯТЬ
ВОСЕМЬ
ПЯТНАДЦАТЬ
ШЕСТЬ
СЕМЬ
ТРИНАДЦАТЬ
ТРИ
ДВАДЦАТЬ

21 - Física

М	О	Т	А	С	С	А	М	Б	Х	Ъ	Ю	С	Д	Ы
О	Ж	И	Н	Ф	И	К	А	Л	В	Р	Я	Ш	В	Е
Л	У	Ч	Ф	Н	Е	И	К	С	Е	Ч	И	М	И	Х
Е	Ъ	Д	М	М	О	Я	И	Д	Л	Ф	С	Д	Г	П
К	Ш	Ф	Ю	А	Ш	Й	Н	Н	Р	О	К	З	А	Г
У	Щ	Г	Х	Ъ	Г	Ы	А	Н	Ы	Р	О	П	Т	Г
Л	Ч	Б	Д	Ш	Д	Н	Х	О	Г	М	Р	Е	Е	Р
А	П	А	Ч	Ж	Л	Р	Е	Р	Ю	У	О	Р	Л	А
Я	Ч	Н	С	И	Ж	Е	М	Т	Ъ	Л	С	Е	Ь	В
Р	Д	А	Х	Т	О	Д	Ь	К	И	А	Т	М	Г	И
У	Г	Н	Ъ	К	О	Я	Ц	Е	У	З	Ь	Е	Ы	Т
Ъ	Ь	Т	С	О	Н	Т	О	Л	П	Ю	М	Н	О	А
Ч	А	С	Т	И	Ц	А	А	Э	Ы	Щ	К	Н	К	Ц
Х	А	О	С	Х	В	Л	М	Ч	Г	Ы	Щ	А	Ш	И
О	И	Ц	У	С	К	О	Р	Е	Н	И	Е	Я	И	Я

УСКОРЕНИЕ
АТОМ
ХАОС
ПЛОТНОСТЬ
ЭЛЕКТРОН
ФОРМУЛА
ЧАСТОТА
ГАЗ
ГРАВИТАЦИЯ
МАГНЕТИЗМ
МАССА
МЕХАНИКА
МОЛЕКУЛА
ДВИГАТЕЛЬ
ЯДЕРНЫЙ
ЧАСТИЦА
ХИМИЧЕСКИЕ
ПЕРЕМЕННАЯ
СКОРОСТЬ

22 - Belleza

Э	Я	Г	Л	А	Д	К	И	Й	П	Х	Щ	Е	Ю	Ж
В	Л	Г	Р	А	Ц	И	Я	М	О	Н	К	И	С	Ь
М	К	Е	П	Р	О	Д	У	К	Т	Ы	О	Н	Ж	Э
Ц	О	В	Г	Н	О	Ж	Н	И	Ц	Ы	Ж	А	С	Л
Ю	Ц	П	Х	А	П	А	З	Ф	Ш	С	А	В	С	Е
П	К	Н	П	Д	Н	З	Е	Р	К	А	Л	О	Н	Г
Ч	Ю	Ъ	П	А	К	Т	Г	Ф	К	Ы	Ч	Р	Ц	А
М	Д	Ш	Б	М	Д	Е	Н	А	Р	О	М	А	Т	Н
А	Б	Р	И	О	Ы	В	Ш	О	Д	Ш	Х	Ч	С	Т
Ш	Ц	Я	Б	П	Ы	Ц	П	А	С	М	Л	О	И	Н
К	О	С	М	Е	Т	И	К	А	М	Т	Ч	Д	Л	Ы
И	С	П	Ю	А	Т	Р	П	Л	М	П	Ь	В	И	Й
Е	Ъ	Д	Ф	Д	В	Д	О	С	Ю	В	У	Ш	Т	Щ
У	С	Л	У	Г	И	У	Ы	А	Ф	Н	Ь	Н	С	Ш
Х	М	Н	Ш	Н	Р	К	И	М	А	Д	С	М	Ь	Б

МАСЛА
ЗАПАХ
ШАМПУНЬ
ЦВЕТ
КОСМЕТИКА
ЭЛЕГАНТНОСТЬ
ЭЛЕГАНТНЫЙ
ОЧАРОВАНИЕ
ЗЕРКАЛО
СТИЛИСТ
АРОМАТ
ГРАЦИЯ
КОЖА
ПОМАДА
ПРОДУКТЫ
КУДРИ
УСЛУГИ
ГЛАДКИЙ
НОЖНИЦЫ

23 - Países #1

Ь	А	У	Г	А	Р	А	К	И	Н	Ц	Г	Х	Ш	П
Ы	Н	И	П	П	И	Л	И	Ф	С	А	Х	Ъ	Ь	О
А	О	Ч	Ч	Х	Ъ	П	М	Т	Г	П	О	Р	Щ	Л
Р	Р	О	Д	А	В	К	Э	Ъ	Ц	М	А	Т	Ж	Ь
Г	В	Т	Я	К	А	Н	А	Д	А	А	Т	Н	Я	Ш
Е	Е	И	Р	Я	Г	Р	К	Ш	Г	Р	А	Е	И	А
Н	Г	О	Л	М	Н	Ы	А	Щ	О	О	М	Ь	Г	Я
Т	И	М	Т	Р	Ц	В	Ж	М	Н	К	Ф	А	Ь	Н
И	Я	И	Н	А	М	Р	Е	Г	Д	К	Ф	М	Л	Щ
Н	И	И	Ы	И	Б	Б	Ы	Е	У	О	М	А	Е	И
А	Д	К	Л	Г	Т	И	М	Г	Р	Г	О	Н	Б	Ю
С	Н	Ф	С	А	Ч	К	К	И	А	А	Ы	А	Ю	Г
Д	И	Ц	Р	Х	Т	У	Ш	П	С	Ы	С	П	Г	Х
Б	Р	А	З	И	Л	И	Я	Е	Ю	Ы	Б	Р	У	Ф
Л	И	В	И	Я	О	Д	Ф	Т	Х	Ъ	Б	О	В	М

ГЕРМАНИЯ
АРГЕНТИНА
БЕЛЬГИЯ
БРАЗИЛИЯ
КАНАДА
ЭКВАДОР
ЕГИПЕТ
ИСПАНИЯ
ФИЛИППИНЫ
ГОНДУРАС
ИНДИЯ
ИТАЛИЯ
ЛИВИЯ
МАЛИ
МАРОККО
НИКАРАГУА
НОРВЕГИЯ
ПАНАМА
ПОЛЬША

24 - Mitología

Ъ	М	Ы	К	П	И	Г	Р	Щ	М	Е	Г	Я	Г	Ф
Ц	О	К	Ж	О	П	И	Т	Е	Х	Р	А	Р	Й	Ы
С	Л	Х	Ж	В	П	И	С	И	В	П	Ъ	Г	О	Г
Ф	Н	Я	П	Е	Щ	К	Н	Т	У	Н	О	Ю	Р	М
П	И	Л	Х	Д	Ы	У	О	Р	Б	Л	О	Ю	Е	Ь
Н	Я	П	Е	Е	Б	Л	М	Е	Е	Е	В	С	Г	М
Р	Е	Я	Щ	Н	С	Ь	Ъ	М	Ж	Г	Т	Л	Т	Я
В	Ж	Б	Ш	И	С	Т	Щ	С	Д	Е	С	А	О	Ь
У	М	Я	Е	Е	Ъ	У	Т	С	Е	Н	Е	Б	Ч	Т
Ы	М	Р	П	С	Х	Р	Л	Е	Н	Д	Щ	И	Е	С
Ш	Ж	Ш	Ч	И	А	А	Ю	Б	И	А	У	Р	У	Е
С	О	З	Д	А	Н	И	Е	Ь	Я	Д	С	И	Ч	М
С	И	Л	А	С	М	Е	Р	Т	Н	Ы	Й	Н	К	Д
Ь	А	У	П	Ц	О	В	О	И	Н	Ъ	Ъ	Т	Л	П
К	А	Т	А	С	Т	Р	О	Ф	А	П	Р	Щ	Е	А

АРХЕТИП
РЕВНОСТЬ
НЕБЕСА
ПОВЕДЕНИЕ
СОЗДАНИЕ
УБЕЖДЕНИЯ
СУЩЕСТВО
КУЛЬТУРА
КАТАСТРОФА
СИЛА
ВОИН
ГЕРОЙ
БЕССМЕРТИЕ
ЛАБИРИНТ
ЛЕГЕНДА
МОНСТР
СМЕРТНЫЙ
МОЛНИЯ
ГРОМ
МЕСТЬ

25 - Casa

М	Ы	Л	Ш	В	Б	Щ	Ь	О	З	Ж	Т	Щ	Ь	Л
К	Е	Х	Е	И	Ф	И	С	В	Ц	А	И	К	Ч	А
А	Г	Т	У	О	В	Ф	Б	Т	Т	Р	Б	В	В	М
М	Т	Е	Л	Л	Д	Ы	Ж	Л	Ъ	А	Б	О	Ь	П
И	Д	Е	А	А	Ф	У	О	Н	И	Г	Х	Н	Р	А
Н	У	С	В	К	Р	Ы	Ш	А	Н	О	Ж	К	Е	С
К	Ш	А	Д	Р	А	Ж	У	Р	Ъ	Ч	Т	О	В	К
У	О	П	О	Е	Ъ	Б	Ф	К	Г	Ф	Р	Е	Д	Ф
Х	А	Ы	П	З	Д	Ч	Л	О	Ь	Н	И	Н	К	О
Н	Ч	Е	Р	Д	А	К	Ф	В	С	Т	Е	Н	А	А
Я	Н	Ь	Л	А	П	С	Ф	Р	Ь	Ц	Ы	Э	Н	Щ
П	М	Ы	К	Ю	В	О	Ш	И	С	А	Д	Т	Х	Ь
Ф	М	Ж	Ы	Ъ	Ь	И	О	К	В	Н	Ю	А	Т	С
С	М	Р	У	Д	А	Е	Ж	П	П	Ч	Я	Ж	А	Щ
А	Ы	Ю	У	Ь	П	Д	М	Я	И	В	Ч	Б	Х	К

КОВРИК
ЧЕРДАК
БИБЛИОТЕКА
КАМИН
КУХНЯ
СПАЛЬНЯ
ДУШ
МЕТЛА
ЗЕРКАЛО
ГАРАЖ
КРАН
САД
ЛАМПА
СТЕНА
ЭТАЖ
ДВЕРЬ
ПОДВАЛ
КРЫША
ЗАБОР
ОКНО

26 - Artes Visuales

Д	П	Ж	Ы	А	Г	Ф	Ф	Х	Я	П	К	В	С	Б
А	К	Я	В	Р	Л	Ф	У	Е	Д	О	А	К	О	Р
В	Д	С	Д	Х	И	Е	Ц	Б	И	Р	Ъ	А	С	У
И	О	О	А	И	Н	М	Х	У	С	Т	У	Ш	Т	Ч
Т	Ж	С	А	Т	А	К	И	М	А	Р	Е	К	А	К
К	М	У	К	Е	С	Р	В	Е	Д	Е	Ш	Ь	В	А
Е	Д	Ж	И	К	П	Н	У	Е	Ъ	Т	И	И	К	Е
П	Ю	С	Н	Т	Ш	М	У	Т	Е	Н	П	Х	Ц	Е
С	М	Л	Ж	У	С	Р	М	П	П	Т	Е	О	Р	Т
Р	Е	Ы	О	Р	Ш	Т	Ъ	О	Ь	Ь	Л	О	Г	У
Е	Л	П	Д	А	П	Д	Я	Ф	М	Ь	Л	И	Ф	Л
П	С	Ф	У	К	А	Р	А	Н	Д	А	Ш	У	Г	Ц
М	Щ	У	Х	Т	Р	А	Ф	А	Р	Е	Т	О	К	Ъ
Щ	М	О	Л	Ь	Б	Е	Р	Т	Л	А	К	У	Т	С
Ч	К	Р	Е	А	Т	И	В	Н	О	С	Т	Ь	Р	Ф

ГЛИНА
АРХИТЕКТУРА
ХУДОЖНИК
ЛАК
МОЛЬБЕРТ
УГОЛЬ
ВОСК
КЕРАМИКА
СОСТАВ
КРЕАТИВНОСТЬ
СКУЛЬПТУРА
КАРАНДАШ
ШЕДЕВР
ФИЛЬМ
ПЕРСПЕКТИВА
ТРАФАРЕТ
РУЧКА
ПОРТРЕТ
МЕЛ

27 - Salud y Bienestar #2

А	Н	А	Т	О	М	И	Я	Ь	Е	Б	З	Р	Ц	Ш
О	Э	Н	Е	Р	Г	И	Я	Ю	Ш	О	Д	И	Ц	Д
Н	Б	К	А	Л	О	Р	И	Я	Б	Л	О	Е	К	О
Х	А	Е	М	А	С	С	А	Ж	Л	Е	Р	Ж	Г	Ф
Д	К	С	З	Ы	А	Г	М	Ю	Ю	З	О	Ы	И	Ы
Р	И	С	Ь	В	О	Р	К	Р	Ю	Н	В	Н	Г	Ь
Ц	Т	Е	Г	И	О	Ъ	М	Р	Н	Ь	Ы	И	И	Д
И	Е	Р	Т	Б	А	Ж	Т	Ы	Р	Д	Й	М	Е	В
Г	Н	Т	А	А	О	Т	И	Т	Е	П	П	А	Н	Н
М	Е	С	Н	Р	Ч	Л	Ф	В	В	Е	С	Т	А	Л
У	Г	Ш	Ы	Б	Я	К	Ь	Ь	А	Ч	Б	И	Ф	В
А	Л	Л	Е	Р	Г	И	Я	Н	Л	Н	Ы	В	М	Ч
Н	Щ	Я	И	Ц	К	Е	Ф	Н	И	Ж	И	И	Я	П
Ф	Ж	П	И	Т	А	Н	И	Е	Ю	Ц	О	Е	Т	Я
П	И	Щ	Е	В	А	Р	Е	Н	И	Е	А	К	Л	Ш

АЛЛЕРГИЯ
АНАТОМИЯ
АППЕТИТ
КАЛОРИЯ
ОБЕЗВОЖИВАНИЕ
ДИЕТА
ПИЩЕВАРЕНИЕ
ЭНЕРГИЯ
БОЛЕЗНЬ
СТРЕСС
ГЕНЕТИКА
ГИГИЕНА
БОЛЬНИЦА
ИНФЕКЦИЯ
МАССАЖ
ПИТАНИЕ
ВЕС
ЗДОРОВЫЙ
КРОВЬ
ВИТАМИН

28 - Adjetivos #1

Т	Л	В	Ю	Я	Ч	М	А	С	А	Ц	О	Ш	Е	С
С	Ш	Щ	Ш	Ъ	Е	Е	Б	О	М	А	Н	А	Б	О
В	Ц	Л	Ч	Р	С	Д	С	В	Б	К	Щ	К	С	В
О	А	Я	Ъ	В	Т	Л	О	Р	И	Т	П	Т	В	Е
Т	Г	Ж	У	Ф	Н	Е	Л	Е	Ц	И	Ч	С	Ч	Р
У	Е	Р	Н	У	Ы	Н	Ю	М	И	В	Ю	Ю	Й	Ш
Ю	П	М	О	Ы	Й	Н	Т	Е	О	Н	Л	Р	Ы	Е
Л	Ч	Ы	Н	М	Й	Ы	Н	Н	З	Ы	Д	Р	Л	Н
Л	И	Б	Ъ	Ы	Н	Й	Ы	Н	Н	Й	Ж	А	Е	Н
У	Ь	Ф	П	Ж	Й	Ы	Й	Ы	Ы	Т	Ю	Ф	Ж	Ы
М	О	Л	О	Д	О	Й	Й	Й	Й	И	К	Р	Я	Й
Э	К	З	О	Т	И	Ч	Е	С	К	И	Й	Ц	Т	М
Р	Ф	Я	И	Я	С	Е	Р	Ь	Е	З	Н	Ы	Й	А
У	У	Б	Щ	Е	Д	Р	Ы	Й	О	Ш	Ь	Л	О	Б
Н	Е	В	И	Н	Н	Ы	Й	Ц	Е	Н	Н	Ы	Й	Н

АБСОЛЮТНЫЙ
АКТИВНЫЙ
АМБИЦИОЗНЫЙ
ЯРКИЙ
ОГРОМНЫЙ
ЭКЗОТИЧЕСКИЙ
ЩЕДРЫЙ
БОЛЬШОЙ
ЧЕСТНЫЙ
ВАЖНЫЙ
НЕВИННЫЙ
МОЛОДОЙ
МЕДЛЕННЫЙ
СОВРЕМЕННЫЙ
ТЕМНЫЙ
СОВЕРШЕННЫЙ
ТЯЖЕЛЫЙ
СЕРЬЕЗНЫЙ
ЦЕННЫЙ

29 - Familia

Ы	Б	Д	Ь	Д	Ъ	Т	Т	Ъ	П	Ъ	Н	О	П	С
С	Р	Б	Б	Щ	Н	М	Н	Л	Г	Д	Щ	Т	П	Е
Г	А	Ь	Г	Ж	К	И	Р	Ч	М	Ф	С	Ц	Л	С
Ы	Т	Ж	Е	Е	Ъ	Щ	Н	Я	М	У	В	О	Е	Т
Й	И	К	С	Н	И	Р	Е	Т	А	М	Ж	В	М	Р
У	О	П	Ь	А	К	Ш	У	Б	А	Б	Ц	С	Я	А
А	Т	О	Л	О	Ы	Ж	Ш	Е	Ъ	О	О	К	Н	Д
Ф	Е	Ц	Е	Е	Д	Е	Д	Ш	Д	К	Ф	И	Н	Я
Р	Ц	Х	Ш	И	М	А	Л	Щ	Х	О	Г	Й	И	Д
М	А	Т	Ь	Ц	В	Я	Т	Е	Т	Д	Ч	Д	Ц	Я
Ъ	С	Ф	Г	Ш	К	О	Н	Е	Б	Е	Р	Ь	А	Ф
П	Ъ	Ю	Ь	Ш	У	Ы	Ф	Н	Ж	Р	Д	Е	Т	И
Ф	Е	М	Щ	А	Н	Ю	Н	П	И	П	Ц	Ц	Ъ	К
В	И	Ц	А	Х	В	Е	Л	В	Я	К	Ш	П	Ж	Т
У	Д	Е	Т	С	Т	В	О	В	Ш	Ю	К	Я	Я	Ц

БАБУШКА
ДЕД
ПРЕДОК
ЖЕНА
СЕСТРА
БРАТ
ДОЧЬ
ДЕТСТВО
МАТЬ
МУЖ
МАТЕРИНСКИЙ
ВНУК
РЕБЕНОК
ДЕТИ
ОТЕЦ
ОТЦОВСКИЙ
ПЛЕМЯННИЦА
ПЛЕМЯННИК
ТЕТЯ
ДЯДЯ

30 - Disciplinas Científicas

Ы	С	Г	Ы	Г	Г	И	Ю	Б	Ц	А	А	О	Т	Н
П	О	Е	Ю	М	Ы	Ф	С	И	Х	Р	С	К	Е	Е
С	Ц	О	Ц	Т	А	У	Я	О	И	Х	Т	А	Р	В
И	И	Л	М	Я	К	Х	Е	Х	М	Е	Р	А	М	Р
Х	О	О	Ъ	И	И	Щ	А	И	И	О	О	К	О	О
О	Л	Г	Н	Г	Н	Я	Ь	М	Я	Л	Н	И	Д	Л
Л	О	И	У	О	А	Е	С	И	И	О	О	Т	И	О
О	Г	Я	Е	Л	Х	Е	Р	Я	Г	Г	М	С	Н	Г
Г	И	Л	Ъ	О	Е	Л	Ю	А	О	И	И	И	А	И
И	Я	О	Л	К	М	Ю	Б	П	Л	Я	Я	В	М	Я
Я	У	Ш	С	Э	Ч	Ю	Л	Д	О	О	Б	Г	И	Б
А	Н	А	Т	О	М	И	Я	М	И	А	Г	Н	К	Я
Б	О	Т	А	Н	И	К	А	Г	Б	М	Б	И	А	Ы
Ф	И	З	И	О	Л	О	Г	И	Я	В	Щ	Л	Я	Н
М	Е	Т	Е	О	Р	О	Л	О	Г	И	Я	К	Ш	Ф

АНАТОМИЯ
АРХЕОЛОГИЯ
АСТРОНОМИЯ
БИОЛОГИЯ
БИОХИМИЯ
БОТАНИКА
ЭКОЛОГИЯ
ФИЗИОЛОГИЯ
ГЕОЛОГИЯ
ЛИНГВИСТИКА
МЕХАНИКА
МЕТЕОРОЛОГИЯ
МИНЕРАЛОГИЯ
НЕВРОЛОГИЯ
ПСИХОЛОГИЯ
ХИМИЯ
СОЦИОЛОГИЯ
ТЕРМОДИНАМИКА

31 - Cocina

Е	Б	А	Н	К	А	Ы	Ч	С	С	Щ	Р	Г	Р	Ч
С	Д	К	Д	Е	Щ	Ь	А	А	Н	Ч	Ь	Ч	Е	П
С	С	А	Ш	А	Ч	Л	Ш	Л	К	О	Б	Х	Ц	Н
А	С	П	Е	Ц	И	И	К	Ф	У	Г	Ж	В	Е	Х
К	Ю	И	У	Ч	К	Р	И	Е	В	Н	П	И	П	Ю
У	О	О	О	Е	Ж	Г	Ю	Т	Ш	А	Г	Л	Т	Д
Т	Г	В	Г	Ъ	О	Р	Щ	К	И	У	К	К	Ж	Ш
Р	Ч	П	Ш	Б	Л	К	Т	А	Н	Ь	О	У	Р	В
А	К	Л	И	З	О	Р	О	М	Ч	Н	В	Н	А	П
Ф	Я	У	Ъ	Х	О	Л	О	Д	И	Л	Ь	Н	И	К
Е	М	Ж	Т	Б	С	Х	Р	Щ	Ш	Д	В	Ы	Я	Ю
Ь	М	Д	О	Ю	Л	Ч	В	Х	Щ	Г	И	Т	О	Ж
Г	У	Б	К	А	Ч	А	Й	Н	И	К	Л	У	Е	Ц
В	Ы	К	Х	К	Я	О	Ъ	Е	М	Б	К	К	Д	А
Я	Х	С	А	Ч	А	Т	Л	Ы	Т	П	И	Ы	Ч	Б

ЧАЙНИК
ЕДА
МОРОЗИЛКА
ЛОЖКИ
КОВШ
НОЖИ
ФАРТУК
СПЕЦИИ
ГУБКА
ПЕЧЬ
КУВШИН
ГРИЛЬ
РЕЦЕПТ
ХОЛОДИЛЬНИК
САЛФЕТКА
БАНКА
ЧАШКИ
ЧАША
ВИЛКИ

32 - Moda

Ц	Т	Д	К	Я	Б	С	С	О	Ь	В	С	Д	Э	М
Н	Ж	О	Р	И	Ю	Х	П	Д	В	Ы	К	О	Л	И
Н	Ю	Р	У	Ц	З	С	Д	М	Ж	Ш	Р	С	Е	Н
Й	П	О	Ж	Н	Щ	М	У	Т	Ж	И	О	Т	Г	И
О	Щ	Г	Е	Е	Ш	Е	Е	Ш	Ъ	В	М	У	А	М
Т	Х	О	В	Д	И	М	М	Р	В	К	Н	П	Н	А
С	К	Й	О	Н	Ы	Ш	Т	С	Е	А	Ы	Н	Т	Л
О	И	А	Ч	Е	Х	Ъ	Ж	У	И	Н	Й	Ы	Н	И
Р	Т	Ч	Н	Т	Ш	А	Б	Л	О	Н	И	Й	Ы	С
П	У	Ю	Б	Ь	О	Д	Е	Ж	Д	А	У	Я	Й	Т
Ф	Б	К	Н	О	П	К	И	У	А	В	Ь	И	Б	П
А	Г	О	Р	И	Г	И	Н	А	Л	М	Р	Т	Р	Ф
С	О	В	Р	Е	М	Е	Н	Н	Ы	Й	Т	М	Д	Б
П	Р	А	К	Т	И	Ч	Е	С	К	И	Й	Ъ	Б	Ь
С	Т	И	Л	Ь	Т	Е	К	С	Т	У	Р	А	Ь	Ш

ДОСТУПНЫЙ
ВЫШИВКА
КНОПКИ
БУТИК
ДОРОГОЙ
ЭЛЕГАНТНЫЙ
КРУЖЕВО
СТИЛЬ
ИЗМЕРЕНИЯ
МИНИМАЛИСТ
СОВРЕМЕННЫЙ
СКРОМНЫЙ
ОРИГИНАЛ
ШАБЛОН
ПРАКТИЧЕСКИЙ
ОДЕЖДА
ПРОСТОЙ
ТКАНЬ
ТЕНДЕНЦИЯ
ТЕКСТУРА

33 - Electricidad

О	Б	О	Р	У	Д	О	В	А	Н	И	Е	Г	Щ	П
В	Ь	Ш	Ь	Ж	Ф	Й	Л	Р	Т	Р	О	Е	Т	О
Т	Ф	Й	Л	Н	Е	И	А	А	Е	Ы	Б	Н	Е	Л
С	Е	Ы	А	Э	Х	К	З	З	Л	Ф	Ъ	Е	Л	О
Е	Ы	Н	М	У	Л	С	Е	Ъ	Е	И	Е	Р	Е	Ж
Ч	Ь	Ь	П	Я	В	Е	Р	Е	Ф	М	К	А	В	И
И	Х	Л	О	О	Ъ	Ч	К	М	О	Р	Т	Т	И	Т
Л	М	Е	Ч	Ъ	Щ	И	М	Т	Н	Ш	Ы	О	Д	Е
О	А	Т	К	М	Ъ	Р	Т	Б	Р	Я	Л	Р	Е	Л
К	Г	А	А	Т	Т	Т	Ь	А	Е	И	Б	Я	Н	Ь
Т	Н	Ц	П	Г	М	К	Ь	Т	Е	С	К	Щ	И	Н
Е	И	И	М	Ь	Л	Е	Б	А	К	Щ	Я	К	Е	Ы
Ь	Т	Р	А	Ж	А	Л	А	Р	Ш	П	Т	Ь	Ю	Й
У	В	Т	Л	Ф	Ю	Э	Л	Е	Л	Ф	Я	Г	Ъ	Ы
П	Р	О	В	О	Д	А	Ш	Я	Г	Р	П	Р	Ъ	Р

БАТАРЕЯ
ЛАМПОЧКА
КАБЕЛЬ
ПРОВОДА
КОЛИЧЕСТВО
ЭЛЕКТРИК
ЭЛЕКТРИЧЕСКИЙ
РАЗЪЕМ
ОБОРУДОВАНИЕ
ГЕНЕРАТОР
МАГНИТ
ЛАМПА
ЛАЗЕР
ОТРИЦАТЕЛЬНЫЙ
ОБЪЕКТЫ
ПОЛОЖИТЕЛЬНЫЙ
СЕТЬ
ТЕЛЕВИДЕНИЕ
ТЕЛЕФОН

34 - Salud y Bienestar #1

В	Б	Р	Н	К	Н	Ч	Н	Ц	Б	И	М	Б	Р	Р
Д	И	А	Ь	Ц	Н	Ь	Ф	Щ	Ф	Н	О	А	Е	Е
Я	Г	Р	Г	М	Ъ	Р	М	О	Н	Ю	П	К	Л	Ф
Ч	Ф	Ъ	У	Е	В	К	Д	А	Ы	К	Е	Т	А	Л
А	А	Ч	Ж	С	Д	О	Л	О	Г	К	Р	Е	К	Е
П	С	Ь	Н	М	Ч	Ж	В	Н	А	Л	Е	Р	С	К
А	Ч	Г	Я	И	П	А	Р	Е	Т	И	Л	И	А	С
К	К	П	И	Х	Ф	Ф	Ы	Ю	О	Н	О	И	Ц	Ш
Т	М	Е	Д	И	Ц	И	Н	А	С	И	М	Т	И	Ь
И	П	Н	Т	И	Л	Б	О	З	Ы	К	Н	С	Я	А
В	Р	Ь	К	П	К	А	М	О	В	А	У	О	У	Ь
Н	В	Р	А	Ч	А	Б	Р	П	Е	Я	Х	К	С	Д
Ы	Ц	Ш	Ы	М	М	Р	О	Л	Е	Ч	Е	Н	И	Е
Й	Ш	Д	П	Ц	Ы	Ч	Г	Л	Б	Ш	Б	С	Т	В
П	Р	И	В	Ы	Ч	К	А	М	О	В	Ъ	Ш	Ж	В

АКТИВНЫЙ
ВЫСОТА
БАКТЕРИИ
КЛИНИКА
ВРАЧ
АПТЕКА
ПЕРЕЛОМ
ГОЛОД
ПРИВЫЧКА
ГОРМОНЫ

КОСТИ
МЕДИЦИНА
МЫШЦЫ
КОЖА
ПОЗА
РЕФЛЕКС
РЕЛАКСАЦИЯ
ТЕРАПИЯ
ЛЕЧЕНИЕ
ВИРУС

35 - Adjetivos #2

Е	О	П	И	С	А	Т	Е	Л	Ь	Н	Ы	Й	Ъ	И
О	С	Д	У	Я	Т	Ф	С	В	Е	Ж	И	Й	Н	Н
С	Й	Т	Г	О	Р	Д	Ы	Й	И	Ф	Г	Г	Ш	Т
Ф	Ы	Й	Е	С	Ъ	Е	Д	О	Б	Н	Ы	Й	Т	Е
У	Н	И	У	С	Ц	Д	С	О	Л	Е	Н	Ы	Й	Р
Э	Ь	К	М	Б	Т	Ц	Ю	Ж	Й	Ь	О	Ц	Р	Е
З	Л	С	О	Ш	Н	В	М	Й	Ы	Н	Я	Р	П	С
Д	А	Е	И	М	Ш	Ь	Е	Ы	В	Х	Р	Ы	Т	Н
О	М	Ч	Г	Щ	Н	Н	Ю	Н	О	С	В	Р	М	Ы
Р	Р	Р	Л	А	Е	У	О	Ь	Н	Ъ	У	Ц	Ы	Й
О	О	О	К	В	Н	Я	Щ	Л	Ч	Ы	Ч	Х	О	Ш
В	Н	В	Е	У	Ы	Т	Я	И	Е	М	Й	Т	О	Ю
Ы	Щ	Т	Н	Ъ	Ю	И	Н	С	И	М	Д	Т	В	Й
Й	Ю	И	А	А	Г	Н	Й	Ы	Л	А	Т	С	У	Х
И	З	В	Е	С	Т	Н	Ы	Й	Й	Ф	Д	Е	Т	Ф

УСТАЛЫЙ
СЪЕДОБНЫЙ
ТВОРЧЕСКИЙ
ОПИСАТЕЛЬНЫЙ
ЭЛЕГАНТНЫЙ
ИЗВЕСТНЫЙ
СВЕЖИЙ
СИЛЬНЫЙ
ИНТЕРЕСНЫЙ
ЕСТЕСТВЕННЫЙ
НОРМАЛЬНЫЙ
НОВЫЙ
ГОРДЫЙ
ПРЯНЫЙ
СОЛЕНЫЙ
ЗДОРОВЫЙ
СУХОЙ

36 - Cuerpo Humano

С	Ц	Т	Я	Я	О	Щ	Д	Ж	Ф	К	С	М	У	Ю
К	Е	Щ	В	З	Я	Я	У	Х	О	О	Ч	Е	Л	П
Р	Л	Р	Т	Ы	Я	Л	С	П	Ч	Л	К	Л	Б	А
О	О	Ъ	Д	К	Н	Л	Т	Ж	Я	Е	Ш	И	Х	Ф
В	Д	Ы	Ъ	Ц	Г	З	О	М	Ь	Н	Е	Ц	Х	Л
Ь	Ы	Ъ	З	Ш	Е	К	Р	К	Х	О	У	О	К	У
Д	Ж	П	А	Л	Е	Ц	У	Ч	О	Д	Ы	Ы	М	Х
Ч	К	О	Л	Щ	Х	У	К	Ш	Ж	Т	И	Х	Щ	Ж
Д	А	Е	Г	И	Х	Х	А	У	А	Ю	Ь	Ч	Ю	Т
П	Х	М	Ц	Е	Л	К	У	В	Ж	Г	П	Ы	И	Д
Щ	К	Д	И	С	Е	М	Р	Щ	О	М	Щ	Н	У	О
П	О	Д	Б	О	Р	О	Д	О	К	Л	С	О	Н	Т
С	Ш	У	Г	Б	А	А	Ы	Н	Ш	Ц	О	С	Г	Ш
С	Ц	Ь	Ц	Е	Г	И	У	С	Ы	Ж	Ц	Г	Ц	Г
П	И	Ф	Х	Ф	Я	Ы	Ь	В	Н	О	Г	А	Ч	Ъ

ПОДБОРОДОК
РОТ
ГОЛОВА
ЛИЦО
МОЗГ
ЛОКОТЬ
СЕРДЦЕ
ШЕЯ
ПАЛЕЦ
ПЛЕЧО
ЯЗЫК
РУКА
НОС
ГЛАЗ
УХО
КОЖА
НОГА
КОЛЕНО
КРОВЬ
ЛОДЫЖКА

37 - Calentamiento Global

П	О	С	Л	Е	Д	С	Т	В	И	Я	В	А	Л	Ю
А	Р	К	Т	И	Ч	Е	С	К	И	Й	Н	Л	П	Л
Э	Ф	Г	А	З	И	Ю	Ъ	Р	Ы	Г	И	У	Р	Ж
Я	Н	Д	О	Ъ	Н	Ц	Р	Ю	Е	Т	М	Ч	А	Б
И	Ъ	Е	У	В	Д	К	Я	Р	Т	Ь	А	Е	В	Д
Ж	И	Е	Р	Е	Я	Б	В	Л	Д	О	Н	Н	И	А
Я	С	Я	И	Г	А	Д	Ю	И	У	Т	И	Ы	Т	Н
С	А	Ч	А	Д	И	Б	Ж	Ъ	Ч	П	Е	Й	Е	Н
Ш	Ч	Ю	П	А	Ф	Я	Ц	Г	И	П	О	В	Л	Ы
М	Й	Р	А	З	В	И	Т	И	Е	Е	Щ	П	Ь	Е
М	Е	Ж	Д	У	Н	А	Р	О	Д	Н	Ы	Й	С	Ь
К	С	Ц	И	З	М	Е	Н	Е	Н	И	Я	А	Т	В
П	О	К	О	Л	Е	Н	И	Я	Ъ	Д	Ь	Щ	В	Щ
Ж	Н	Ю	К	Р	И	З	И	С	Е	В	Б	Л	О	Л
К	Л	И	М	А	Т	Б	У	Д	У	Щ	Е	Е	Ы	Я

СЕЙЧАС
ВНИМАНИЕ
АРКТИЧЕСКИЙ
ИЗМЕНЕНИЯ
УЧЕНЫЙ
КЛИМАТ
ПОСЛЕДСТВИЯ
КРИЗИС
ДАННЫЕ
РАЗВИТИЕ
ЭНЕРГИЯ
БУДУЩЕЕ
ГАЗ
ПОКОЛЕНИЯ
ПРАВИТЕЛЬСТВО
МЕЖДУНАРОДНЫЙ
ПОПУЛЯЦИИ

38 - Ciencia

Ч	А	С	Т	И	Ц	Ы	Е	Д	К	О	И	Ф	П	Л
Ф	И	З	И	К	А	Г	Е	Ы	А	Ф	Ф	А	Ф	А
И	С	К	О	П	А	Е	М	О	Е	Н	Ъ	К	Д	Б
Н	Н	Л	Ф	Э	Х	С	О	Г	Г	Ю	Н	Т	О	О
О	Д	Р	Е	Ж	В	Ж	Т	Г	Ь	Ш	П	Ы	Т	Р
Р	П	Л	Г	Г	Р	О	А	К	С	Г	М	В	Е	А
П	А	У	Н	П	Я	Ы	Л	А	Р	Е	Н	И	М	Т
Р	З	С	Л	С	Л	О	С	Ю	У	Ш	С	М	Ю	О
И	Е	Ф	Т	А	М	И	Л	К	Ц	Ж	К	З	Ш	Р
Р	Т	П	Ы	Е	И	К	С	Е	Ч	И	М	И	Х	И
О	О	В	Й	Ы	Н	Е	Ч	У	Ц	И	Я	Н	Т	Я
Д	П	Г	Г	Ф	Я	И	Ц	А	Т	И	В	А	Р	Г
А	И	У	У	Б	Р	А	Я	Ж	Т	Ж	Ь	Г	Д	Б
Г	Г	М	О	Л	Е	К	У	Л	Ы	Ч	А	Р	Б	Н
Э	К	С	П	Е	Р	И	М	Е	Н	Т	Ч	О	Ъ	В

АТОМ
УЧЕНЫЙ
КЛИМАТ
ДАННЫЕ
ЭВОЛЮЦИЯ
ЭКСПЕРИМЕНТ
ФИЗИКА
ИСКОПАЕМОЕ
ГРАВИТАЦИЯ
ФАКТ

ГИПОТЕЗА
ЛАБОРАТОРИЯ
МЕТОД
МИНЕРАЛЫ
МОЛЕКУЛЫ
ПРИРОДА
ОРГАНИЗМ
ЧАСТИЦЫ
РАСТЕНИЯ
ХИМИЧЕСКИЕ

39 - Restaurante #2

Х	В	У	С	О	Д	Ь	Р	И	М	Л	Я	В	Ь	О
Н	К	Л	У	Б	Ш	Г	Ы	Я	К	У	Л	О	Ф	Е
Щ	У	Е	П	Е	Ъ	Ч	Б	Я	Х	Ъ	Ъ	Д	В	Х
В	С	Д	Ч	Д	У	М	А	Ш	П	А	Л	А	Ж	Л
И	Н	О	Ф	И	Ц	И	А	Н	Т	Т	М	Щ	Д	О
Л	Ы	У	В	Ю	С	О	Л	Ь	К	А	О	Л	Ы	Ж
К	Й	С	Т	У	Л	О	Щ	Т	У	Л	С	Р	Щ	К
А	К	С	У	К	А	З	В	И	Р	А	Ь	Ъ	Т	А
Ц	О	Ы	Н	К	Н	С	Е	О	Ф	С	А	Ф	Ж	Ч
Й	Т	Б	Н	Н	И	Ш	П	П	Щ	Ь	Г	Ч	И	М
Я	И	Р	Я	Ц	Е	Н	В	Е	И	И	Д	Ч	Ы	Л
М	П	Х	Ъ	Е	Р	Р	А	К	Ц	К	А	Т	Т	Т
Г	А	Ш	Ш	Ю	Ц	Щ	Ф	Е	Д	И	Ж	Г	Р	Б
С	Н	Ъ	М	Е	Ф	Ю	С	А	Ч	И	И	И	Б	Ф
Б	Щ	Ц	Т	Ф	П	Ъ	Г	Ы	Р	Ъ	А	Г	Ю	У

ВОДА
ЗАКУСКА
НАПИТОК
ОФИЦИАНТ
ОБЕД
ЛОЖКА
ВКУСНЫЙ
САЛАТ
СПЕЦИИ
ЛАПША
ФРУКТ
ЛЕД
ЯЙЦА
ТОРТ
РЫБА
СОЛЬ
СТУЛ
СУП
ВИЛКА
ОВОЩИ

40 - Profesiones #1

П	Б	А	Н	К	И	Р	К	С	К	Х	К	А	Е	М
Щ	И	Б	П	Л	О	Ф	А	П	Ы	В	Д	Р	С	У
Ъ	С	А	В	Р	А	Ч	Р	О	В	Е	Т	Т	М	З
Б	Щ	Н	Н	Е	Ш	С	Т	Р	О	С	М	С	Щ	Ы
С	Ж	Ц	Я	И	Ч	Р	О	Т	К	А	Д	Е	Р	К
Ь	Л	Ъ	Ч	Ц	С	Ш	Г	С	Ъ	У	Л	С	Ф	А
Щ	Ш	Ъ	Ч	Ь	М	Т	Р	М	К	В	Ы	Д	Ю	Н
П	М	П	Ц	С	М	В	А	Е	П	Я	Х	Е	К	Т
Г	О	Л	О	Е	Г	Р	Ф	Н	Ж	Т	Ю	М	П	Х
Л	Н	Ж	В	Ь	Ц	Б	В	Р	И	Л	Е	В	Ю	Ь
Я	О	Т	А	К	О	В	Д	А	Е	Ь	У	Ц	О	Л
П	Р	Ь	Ы	Р	Ъ	Т	Ъ	К	И	Н	Т	О	Х	О
Ь	Т	А	Б	Ч	Н	Б	Ь	Л	Ы	Ь	Е	И	Ы	С
Е	С	Ф	Х	Ц	Т	Ы	Т	А	Н	Ц	О	Р	Е	О
В	А	Т	Т	Щ	Н	Ь	Й	А	Я	Ы	Я	Т	Т	П

АДВОКАТ
АСТРОНОМ
СПОРТСМЕН
ТАНЦОР
БАНКИР
ПОЖАРНЫЙ
КАРТОГРАФ
ОХОТНИК
ВРАЧ
РЕДАКТОР
ПОСОЛ
МЕДСЕСТРА
ТРЕНЕР
ГЕОЛОГ
ЮВЕЛИР
МУЗЫКАНТ
ПИАНИСТ

41 - Vehículos

Б	А	Г	П	В	А	Б	Ь	К	Щ	Ш	Ц	Ф	Б	К
П	Р	О	Т	К	А	Р	Т	А	К	Д	О	Л	О	У
И	А	Л	Е	Ы	Е	Д	В	Р	М	З	Ю	С	Я	А
Ь	И	Р	Л	Ш	М	Ж	Ш	А	Н	Е	Ю	Ъ	С	В
Л	С	Б	О	Р	Т	Е	М	В	Ч	О	С	С	Ж	Т
И	К	А	М	М	Т	И	Е	А	С	П	Ф	К	К	О
Б	У	Р	А	К	Е	Т	А	Н	У	Б	Ю	Ж	М	Б
О	Т	С	С	О	Ш	Ы	Ъ	Л	О	Р	Я	Ы	О	У
М	Е	Е	Ч	Е	Л	Н	О	К	Щ	Г	Ф	Т	Т	С
О	Р	Д	К	Ю	К	И	В	О	З	У	Р	Г	О	В
Т	Е	Ы	И	Ч	Т	Ш	Ф	Х	Ц	Ч	П	У	Р	О
В	Е	Л	О	С	И	П	Е	Д	С	Б	Л	И	Ф	Х
А	Т	Ъ	У	Ю	К	Ч	Щ	Б	О	К	О	А	К	Н
Ш	У	Р	С	С	Е	А	Щ	Ю	Б	О	Т	Т	У	Х
Ъ	Р	Ш	Ж	Ш	Ч	Ю	Т	Е	Л	О	Т	Р	Е	В

АВТОБУС
САМОЛЕТ
ПЛОТ
ЛОДКА
ВЕЛОСИПЕД
ГРУЗОВИК
КАРАВАН
АВТОМОБИЛЬ
РАКЕТА
ПАРОМ
ФУРГОН
ВЕРТОЛЕТ
ЧЕЛНОК
МЕТРО
МОТОР
ШИНЫ
СКУТЕР
ТАКСИ
ТРАКТОР
ПОЕЗД

42 - Geometría

Г	С	Р	П	А	Р	А	Л	Л	Е	Л	Ь	Н	Е	И
П	И	Д	Ы	С	Ш	Л	О	Г	У	К	Х	О	Р	З
О	М	О	Я	О	М	О	В	Т	Е	О	Р	И	Я	М
В	М	Щ	В	Ь	Ц	Г	Б	Ы	В	В	Д	Ш	Т	Е
Е	Е	Х	Н	Т	Г	И	О	Л	С	И	Ч	Т	Р	Р
Р	Т	Б	Ш	С	О	К	Я	Н	Е	О	Р	Г	Е	Е
Х	Р	Т	С	О	М	А	С	С	А	М	Т	Т	У	Н
Н	И	Е	И	Н	Е	Н	В	А	Р	У	Е	А	Г	И
О	Я	Ч	Ф	Т	У	А	С	С	Ц	Ю	М	Ъ	О	Е
С	О	С	О	Я	Н	И	Х	Е	Ъ	Ю	А	Ф	Л	Ь
Т	П	А	В	О	В	Д	Б	И	Г	З	И	Х	Ь	Р
Ь	Р	Р	С	Р	Х	Е	Т	Л	Е	М	Д	Б	Н	А
Л	С	Ь	Ы	Е	Щ	М	Д	Ф	Ф	Ф	Е	М	И	Я
Х	Е	И	А	В	Ъ	В	Л	Ш	Ч	Я	Ш	Н	К	Ц
П	Р	О	П	О	Р	Ц	И	Я	М	Ш	Х	Ж	Т	Ф

ВЫСОТА
УГОЛ
РАСЧЕТ
ИЗГИБ
ДИАМЕТР
ИЗМЕРЕНИЕ
УРАВНЕНИЕ
ЛОГИКА
МАССА
МЕДИАНА
ЧИСЛО
ПАРАЛЛЕЛЬ
ВЕРОЯТНОСТЬ
ПРОПОРЦИЯ
СЕГМЕНТ
СИММЕТРИЯ
ПОВЕРХНОСТЬ
ТЕОРИЯ
ТРЕУГОЛЬНИК

43 - Vacaciones #2

О	Ь	В	Х	Р	Ц	Н	Т	О	Ф	Е	И	В	Ъ	Е
К	А	Р	Т	А	Ч	П	Р	К	Ш	К	Н	С	В	И
М	З	Д	Ы	Ъ	Ч	В	О	Р	Т	С	О	И	В	В
В	И	Щ	Л	Г	Е	Ь	П	Е	У	И	С	К	А	Т
Л	В	Ж	Ю	Ц	Л	Л	С	Д	З	М	Т	Г	Ъ	С
Щ	Р	Ц	Ь	Л	П	Е	А	Я	Ч	Д	Р	Г	Р	Е
Т	Ц	Б	Р	Н	Ь	Т	П	С	К	О	А	О	Т	Ш
Ч	Б	Т	Р	О	П	О	Р	Э	А	Е	Н	Р	Ж	Е
Р	Е	С	Т	О	Р	А	Н	А	Х	С	Н	Ы	Р	Т
П	А	Л	А	Т	К	А	Ь	Ъ	Н	У	Ы	Р	С	У
Ю	Н	М	Я	О	Е	П	В	С	О	С	Й	Ц	Е	П
Б	М	Г	Т	Ф	Ы	Ц	У	С	Ж	Х	П	О	Ы	К
Б	Р	О	Н	И	Р	О	В	А	Н	И	Е	О	Ю	У
П	Р	А	З	Д	Н	И	К	Д	О	С	У	Г	Р	Х
П	Л	Я	Ж	Ч	Б	Н	Т	Т	М	О	Р	Е	Ъ	Т

АЭРОПОРТ
ПАЛАТКА
ИНОСТРАННЫЙ
ФОТО
ОТЕЛЬ
ОСТРОВ
КАРТА
МОРЕ
ГОРЫ
ДОСУГ
ПАСПОРТ
ПЛЯЖ
БРОНИРОВАНИЕ
РЕСТОРАН
ТАКСИ
ТРАНСПОРТ
ПОЕЗД
ПРАЗДНИК
ПУТЕШЕСТВИЕ
ВИЗА

44 - Baile

О	Р	Ю	Т	Р	А	Д	И	Ц	И	О	Н	Н	Ы	Й
В	Ъ	А	К	Л	А	С	С	И	Ч	Е	С	К	И	Й
Т	Щ	П	Д	Д	В	И	Ж	Е	Н	И	Е	В	Ф	Ъ
Х	Ы	Л	Л	О	И	С	К	У	С	С	Т	В	О	Р
Р	О	А	Д	Л	С	А	Т	Б	Ю	Р	К	М	А	Е
М	Ф	Р	Р	Е	Н	Т	Р	А	П	И	У	У	К	П
Ъ	Ы	Т	Е	Т	Р	В	Н	И	Г	Т	Л	З	А	Е
Ъ	Ц	Л	А	О	Ф	Ц	Я	Ы	Г	М	Ь	Ы	Д	Т
Н	Ы	Ц	С	Е	Г	В	И	Ж	Й	В	Т	К	Е	И
Э	Д	Ъ	Ф	Х	Е	Р	Ц	Ц	А	П	У	А	М	Ц
Ч	М	Н	Ъ	Е	П	Ю	А	Е	Ч	О	Р	Ы	И	И
О	Ъ	О	Ь	Ч	П	Г	Р	Ф	В	З	Н	С	Я	Я
Щ	Д	Х	Ц	Ю	Ц	К	Г	Ч	И	А	Ы	Ш	Е	К
Ы	Т	Ш	Ю	И	П	Ю	Г	В	Щ	Я	Й	А	Ж	Ь
Ц	Ь	Ш	Ъ	Е	Я	К	У	Л	Ь	Т	У	Р	А	Я

АКАДЕМИЯ
РАДОСТНЫЙ
ИСКУССТВО
КЛАССИЧЕСКИЙ
ХОРЕОГРАФИЯ
ТЕЛО
КУЛЬТУРА
КУЛЬТУРНЫЙ
ЭМОЦИЯ
РЕПЕТИЦИЯ
ГРАЦИЯ
ДВИЖЕНИЕ
МУЗЫКА
ПОЗА
РИТМ
ПАРТНЕР
ТРАДИЦИОННЫЙ

45 - Matemáticas

П	Е	Р	И	М	Е	Т	Р	М	П	Д	Ь	Щ	Х	Д
И	А	О	Б	Ъ	Е	М	Ф	А	Е	И	Л	Р	К	Е
О	К	Ю	Ь	Л	Е	Л	Л	А	Р	А	П	А	Г	С
С	И	М	М	Е	Т	Р	И	Я	П	М	С	Д	Г	Я
П	Т	Ч	Л	П	Г	П	М	И	Е	Е	Ф	И	Е	Т
Л	Е	Ч	С	Л	У	Ч	К	Ц	Н	Т	Е	У	О	И
О	М	М	И	У	Г	Л	Ы	К	Д	Р	Р	С	М	Ч
Щ	Ф	Я	Ь	С	Л	В	Ч	А	И	С	А	Ъ	Е	Н
А	И	Х	Х	Ю	Л	И	А	Р	К	Ч	Д	У	Т	Ы
Д	Р	Ж	С	В	М	А	Я	Ф	У	Д	Д	Г	Р	Й
Ь	А	Ю	С	М	Н	О	Г	И	Л	О	П	Е	И	Л
Э	К	С	П	О	Н	Е	Н	Т	Я	Ы	Б	Ш	Я	Г
К	И	Н	Ь	Л	О	Г	У	Е	Р	Т	Ч	Ы	В	Н
П	Р	Я	М	О	У	Г	О	Л	Ь	Н	И	К	Ш	Ж
С	Е	О	Т	У	Р	А	В	Н	Е	Н	И	Е	В	Ъ

АРИФМЕТИКА
УГЛЫ
ПЛОЩАДЬ
ДЕСЯТИЧНЫЙ
ДИАМЕТР
УРАВНЕНИЕ
СФЕРА
ЭКСПОНЕНТ
ФРАКЦИЯ
ГЕОМЕТРИЯ
ЧИСЛА
ПАРАЛЛЕЛЬ
ПЕРИМЕТР
ПЕРПЕНДИКУЛЯР
ПОЛИГОН
РАДИУС
ПРЯМОУГОЛЬНИК
СИММЕТРИЯ
ТРЕУГОЛЬНИК
ОБЪЕМ

46 - Profesiones #2

И	С	С	Л	Е	Д	О	В	А	Т	Е	Л	Ь	Ь	Н
Д	С	И	Б	Ш	Л	В	В	Ш	О	Ж	Я	Е	Р	Ь
Е	А	З	И	Ч	Ц	Ф	К	Ъ	Л	А	Е	Ь	А	Т
Т	Д	О	О	Т	Ш	У	О	Ш	И	А	П	Я	К	Ц
Е	О	Б	Л	Ф	Ф	Р	Ф	Б	П	Ч	Щ	В	Е	У
К	В	Р	О	Г	Г	О	Л	О	Т	А	М	О	Т	С
Т	Н	Е	Г	Т	Х	Т	Т	О	У	Р	У	Е	О	З
И	И	Т	У	С	У	А	В	О	В	В	Д	Ф	И	О
В	К	А	Ч	И	Д	Р	А	Н	Г	Щ	Е	Ь	Л	О
Р	Ж	Т	И	Л	О	Т	Н	Ц	Р	Р	Ь	М	Б	Л
Х	Р	Е	Т	А	Ж	С	О	Ч	У	Е	А	Г	И	О
И	Г	Л	Е	Н	Н	Ю	Р	Ь	Р	С	Б	Ф	Б	Г
Н	О	Ь	Л	Р	И	Л	Т	С	И	В	Г	Н	И	Л
Н	Р	Щ	Ь	У	К	Л	С	Ю	Х	Я	Ч	У	У	К
Р	Е	Н	Е	Ж	Н	И	А	Ф	И	Л	О	С	О	Ф

АСТРОНАВТ
БИБЛИОТЕКАРЬ
БИОЛОГ
ХИРУРГ
СТОМАТОЛОГ
ДЕТЕКТИВ
ФИЛОСОФ
ФОТОГРАФ
ИЛЛЮСТРАТОР
ИНЖЕНЕР

ИЗОБРЕТАТЕЛЬ
ИССЛЕДОВАТЕЛЬ
САДОВНИК
ЛИНГВИСТ
ВРАЧ
ЖУРНАЛИСТ
ПИЛОТ
ХУДОЖНИК
УЧИТЕЛЬ
ЗООЛОГ

47 - Naturaleza

Е	Ж	Ц	Ч	У	И	Ф	Ч	Ж	Р	Л	Ш	Х	О	Л
Т	У	К	Р	Ы	Т	И	Е	И	П	Л	Х	Д	Б	Е
У	Р	Е	М	Б	В	Ъ	Г	В	Ч	Ж	Е	И	Л	Д
М	Н	Е	Д	И	К	И	Й	О	Е	Д	С	С	А	Н
А	Е	Е	К	Ю	Ц	Х	Г	Т	Л	Е	Т	Н	К	И
Н	С	Ш	Л	А	Э	Ь	Ч	Н	Ы	Р	О	Г	А	К
О	Р	С	У	А	В	Р	Щ	Ы	Ь	Д	Ж	Ч	О	Ы
П	У	С	Т	Ы	Н	Я	О	Е	Р	П	И	Б	Ы	Р
Ц	Ш	П	Щ	С	У	Ш	В	З	В	Ц	Ш	М	Н	И
Х	У	Ю	Й	И	К	С	Е	Ч	И	М	А	Н	И	Д
Р	М	И	Р	Н	Ы	Й	В	Ш	М	Я	К	Ч	Д	Т
В	Р	Ф	Б	Е	З	М	Я	Т	Е	Ж	Н	Ы	Й	А
К	Р	А	С	О	Т	А	В	Т	С	И	Л	Ш	Х	В
С	В	Я	Т	И	Л	И	Щ	Е	Я	Ы	Б	Л	Ф	Ы
Ъ	А	Р	К	Т	И	Ч	Е	С	К	И	Й	Ъ	Ж	Ъ

ПЧЕЛЫ
ЖИВОТНЫЕ
АРКТИЧЕСКИЙ
КРАСОТА
ЛЕС
ПУСТЫНЯ
ДИНАМИЧЕСКИЙ
ЭРОЗИЯ
ЛИСТВА
ЛЕДНИК
ГОРЫ
ТУМАН
ОБЛАКА
МИРНЫЙ
УКРЫТИЕ
РЕКА
ДИКИЙ
СВЯТИЛИЩЕ
БЕЗМЯТЕЖНЫЙ

48 - Conduciendo

Ш	Ш	Л	Д	Т	Т	Д	М	У	Ф	Т	Г	А	Т	Т
Н	Б	Ч	В	В	Я	Щ	И	Р	П	О	Р	В	Б	О
Г	Я	У	Г	Я	И	Р	А	В	А	П	У	Т	Е	Р
Т	А	Е	Ы	М	Ц	Ж	Ж	Б	Я	Л	З	О	З	М
Р	Ж	З	Х	Т	И	Л	Е	Ж	Н	И	О	М	О	О
О	Ю	Ь	Р	В	Л	Ю	Щ	Н	Ь	В	В	О	П	З
П	Е	Ш	Е	Х	О	Д	К	С	И	О	И	Б	А	А
С	Л	Ж	Х	П	П	И	А	Ч	Д	Е	К	И	С	Г
Н	У	Ъ	Ь	Л	Х	Ц	Р	О	Т	О	М	Л	Н	А
А	Ф	Б	Я	Х	С	Г	Т	Ю	Ц	Щ	У	Ь	О	Р
Р	У	Щ	И	И	Щ	А	А	П	Х	Ы	Л	И	С	А
Т	Ч	И	Л	И	Ц	Е	Н	З	И	Я	И	К	Т	Ж
О	П	А	С	Н	О	С	Т	Ь	О	Ж	Ц	Ъ	Ь	М
М	О	Т	О	Ц	И	К	Л	Х	Я	Е	А	Ж	Ю	Д
Д	Б	Я	Р	И	Т	У	Н	Н	Е	Л	Ь	Ч	Ы	Г

АВАРИЯ
УЛИЦА
ГРУЗОВИК
АВТОМОБИЛЬ
ТОПЛИВО
ТОРМОЗА
ГАРАЖ
ГАЗ
ЛИЦЕНЗИЯ
КАРТА
МОТОЦИКЛ
МОТОР
ПЕШЕХОД
ОПАСНОСТЬ
ПОЛИЦИЯ
БЕЗОПАСНОСТЬ
ТРАНСПОРТ
ДВИЖЕНИЕ
ТУННЕЛЬ

49 - Ballet

М	О	И	С	А	Х	Т	Е	Х	Н	И	К	А	А	А
Т	Ы	Я	И	Р	О	Т	И	Д	У	А	У	Ы	Ш	П
И	Р	Ш	Ф	Я	Р	Т	С	Е	К	Р	О	Ц	Я	Л
Р	О	К	Ц	О	Е	Ъ	Ы	Ь	Ы	Ч	Ю	Д	Е	О
Р	Ц	О	Б	Ы	О	Г	Д	Б	В	Б	А	Я	Б	Д
Е	Н	М	А	О	Г	Б	В	Ш	А	Ц	О	С	Д	И
П	А	П	Л	Ж	Р	Ш	Ч	Ы	Н	С	О	Л	О	С
Е	Т	О	Е	О	А	К	Ы	З	У	М	Р	Ц	В	М
Т	Ф	З	Р	Ы	Ф	Г	Т	Ъ	И	Ю	Ж	У	Б	Е
И	У	И	И	Ы	И	О	Х	Ж	В	Д	П	Я	М	Н
Ц	Е	Т	Н	У	Я	Л	М	Д	Е	Ф	Щ	Щ	Х	Т
И	Г	О	А	Ъ	Р	С	Х	Р	Ю	С	К	Ж	Д	Ы
Я	Д	Р	Щ	Б	Ф	О	У	Ч	Ъ	Ю	Т	А	В	Х
Е	Е	Ч	Ь	Л	Ь	А	К	А	Г	С	Т	И	Л	Ь
П	Р	А	К	Т	И	К	А	И	Ы	Б	Л	Д	Б	И

АПЛОДИСМЕНТЫ
АУДИТОРИЯ
БАЛЕРИНА
ТАНЦОРЫ
КОМПОЗИТОР
ХОРЕОГРАФИЯ
РЕПЕТИЦИЯ
СТИЛЬ
ЖЕСТ
НАВЫК
УРОКИ
МЫШЦЫ
МУЗЫКА
ОРКЕСТР
ПРАКТИКА
РИТМ
СОЛО
ТЕХНИКА

50 - Fuerza y Gravedad

Д	И	Н	А	М	И	Ч	Е	С	К	И	Й	П	У	У
С	В	О	Й	С	Т	В	А	О	Е	Д	О	Л	Н	Р
П	А	Г	О	Р	Б	И	Т	А	И	В	С	А	И	А
Т	Р	Е	Н	И	Е	Х	Ч	П	Х	Е	Ь	Н	В	С
Р	С	К	О	Р	О	С	Т	Ь	В	Ч	Н	Е	Е	С
В	А	К	И	З	И	Ф	Е	Ь	Ь	Щ	Я	Т	Р	Т
Е	К	С	М	А	Г	Н	Е	Т	И	З	М	Ы	С	О
Л	И	Д	Ш	Е	Г	О	О	Ъ	Ю	Б	Е	Ъ	А	Я
И	Н	А	Л	И	Я	Т	Ы	Ш	К	Т	Р	О	Л	Н
Ч	А	В	Е	Т	Р	М	Е	С	Ы	Е	В	Ж	Ь	И
И	Х	Л	И	Ы	Ц	Е	И	Н	Я	И	Л	В	Н	Е
Н	Е	Е	А	Р	Х	Е	Н	У	Ю	Б	А	И	Ы	Д
А	М	Н	Ж	К	Ы	Ф	Н	И	Л	Ь	А	О	Й	Т
У	А	И	К	Т	К	Б	О	Т	Е	Ш	И	Щ	И	Ж
Ч	Д	Е	Ю	О	Ц	Ю	Б	Ф	Р	У	Н	Ь	Ш	К

ЦЕНТР
ОТКРЫТИЕ
ДИНАМИЧЕСКИЙ
РАССТОЯНИЕ
ОСЬ
РАСШИРЕНИЕ
ФИЗИКА
ТРЕНИЕ
ВЛИЯНИЕ
МАГНЕТИЗМ
ВЕЛИЧИНА
МЕХАНИКА
ОРБИТА
ВЕС
ПЛАНЕТЫ
ДАВЛЕНИЕ
СВОЙСТВА
ВРЕМЯ
УНИВЕРСАЛЬНЫЙ
СКОРОСТЬ

51 - Pájaros

В	Ъ	П	Х	Р	Й	А	Г	У	П	О	П	Г	К	Ц
О	Ж	И	С	В	Т	И	У	У	Х	И	Д	О	У	У
Р	Ч	У	Ч	Д	Х	С	П	О	С	О	Щ	Л	Р	С
О	Т	Я	О	Р	Л	Т	Ф	В	Щ	Ь	О	У	И	Х
Б	Н	Д	Б	Я	Е	Ш	У	О	Ц	Й	Я	Б	Ц	Х
Е	М	С	У	А	Р	Т	С	Р	Р	Р	П	Ь	А	О
Й	Р	Е	Т	К	О	Х	Е	О	Х	И	Ч	А	Ь	К
Я	Ц	Ш	К	Ш	Л	Ф	О	Н	А	К	У	Т	Д	Г
С	Ш	Ь	А	У	У	Ж	Ь	А	И	Ц	Г	Ъ	Е	Н
Т	Ъ	Т	К	К	Х	Е	Т	Н	И	В	А	Ф	Б	У
Р	Ч	В	Й	У	У	Е	К	Ь	Х	И	Г	П	Е	Я
Е	Х	Н	А	К	И	Л	Е	П	Г	В	С	Н	Л	Г
Б	Н	Г	Ч	С	Е	Ь	Ж	Ш	Ь	Х	Ц	Ф	И	Я
Х	Щ	Д	М	У	О	Ю	У	Ъ	О	Ь	А	П	П	П
Ф	Л	А	М	И	Н	Г	О	Ъ	Ъ	П	Т	Ш	Р	Ц

СТРАУС
ОРЕЛ
АИСТ
ЛЕБЕДЬ
КУКУШКА
ВОРОНА
ФЛАМИНГО
ГУСЬ
ЦАПЛЯ
ЧАЙКА
ВОРОБЕЙ
ЯСТРЕБ
ЯЙЦО
ПОПУГАЙ
ГОЛУБЬ
УТКА
ПЕЛИКАН
ПИНГВИН
КУРИЦА
ТУКАН

52 - Geografía

Л	Х	С	Б	Ы	Ж	У	Д	К	С	Л	У	Р	Т	А
А	Б	Б	Н	И	Ы	Ц	О	А	Р	О	Г	Е	Е	Г
В	Ц	П	У	Ъ	П	П	Р	Р	П	В	Ю	К	Р	Ъ
С	Х	Г	И	Е	Н	П	О	Т	Ф	А	И	А	Р	Ч
М	О	Ы	Б	И	Х	Е	Г	А	Ч	Ч	З	Я	И	Б
И	Р	М	Ч	П	Щ	Ж	П	Х	Д	С	О	Ь	Т	В
Р	А	Т	У	Ъ	М	О	Я	Г	С	И	О	П	О	Ы
Д	Т	Т	У	С	Ч	Н	О	И	Г	Е	Р	Д	Р	С
Л	О	Б	Л	В	Я	А	А	С	Д	Р	В	Г	И	О
Ю	Г	Ю	Я	А	Г	И	Н	Ж	Б	О	Ж	Е	Я	Т
Л	Л	Ы	Е	Г	С	Д	Ч	И	П	М	Х	Ж	Р	А
И	О	Б	П	Т	М	И	О	С	Т	Р	О	В	Т	Т
Е	Д	Х	О	Т	А	Р	Е	Ф	С	У	Л	О	П	К
Ь	Х	Ю	Т	Т	Н	Е	Н	И	Т	Н	О	К	С	Я
Ш	И	Р	О	Т	А	М	Г	С	Т	Р	А	Н	А	Ь

ВЫСОТА
АТЛАС
ГОРОД
КОНТИНЕНТ
ПОЛУСФЕРА
ОСТРОВ
ШИРОТА
ДОЛГОТА
КАРТА
МОРЕ
МЕРИДИАН
ГОРА
МИР
СЕВЕР
ЗАПАД
СТРАНА
РЕГИОН
РЕКА
ЮГ
ТЕРРИТОРИЯ

53 - Música

И	Н	С	Т	Р	У	М	Е	Н	Т	Ю	К	Г	Ж	Г
С	И	В	Б	М	Е	Л	О	Д	И	Я	Л	А	У	А
Т	Щ	К	А	П	Т	Ш	А	Й	Н	Я	А	Р	П	Р
Х	Ц	Ч	Л	П	О	И	Ю	Ы	О	Н	С	М	Е	М
Х	О	Р	Л	Е	Ц	Э	Р	Н	Ф	Ю	С	О	Т	О
А	К	О	А	В	В	Я	Т	Ч	О	О	И	Н	Ь	Н
Р	Л	Ш	Д	Е	О	Я	Т	И	Р	К	Ч	И	Л	И
Е	У	Ь	А	Ц	К	И	Щ	М	К	Ь	Е	Ч	Т	Я
П	Ч	С	Б	Ъ	А	Ъ	Ц	Т	И	А	С	Е	Д	А
О	П	И	Р	О	Л	И	Х	И	М	Ф	К	С	Л	Ю
Г	О	П	Е	М	М	Е	Г	Р	Ю	Е	И	К	Х	Ж
Р	Ц	А	М	У	З	Ы	К	А	Н	Т	Й	И	К	Ц
П	Щ	З	Н	Ю	Х	С	Щ	Ч	Ы	Ю	К	Й	Н	Я
М	У	З	Ы	К	А	Л	Ь	Н	Ы	Й	Р	Х	Ф	С
И	Ц	Ь	Б	Я	Т	Е	М	П	Т	М	М	Г	С	Я

ГАРМОНИЯ
ГАРМОНИЧЕСКИЙ
АЛЬБОМ
БАЛЛАДА
ПЕВЕЦ
ПЕТЬ
КЛАССИЧЕСКИЙ
ХОР
ЗАПИСЬ
ИНСТРУМЕНТ
МЕЛОДИЯ
МИКРОФОН
МУЗЫКАЛЬНЫЙ
МУЗЫКАНТ
ОПЕРА
ПОЭТИКА
РИТМ
РИТМИЧНЫЙ
ТЕМП
ВОКАЛ

54 - Enfermedad

И	М	М	У	Н	И	Т	Е	Т	Б	Т	Т	С	Я	К
Т	Л	О	Ю	В	Ь	Ф	Ь	Ф	Р	Е	Е	Я	Ц	Ь
С	В	Р	Ж	И	И	Р	В	Ч	Ю	Р	Л	П	Е	С
О	В	Д	Л	Ф	Ъ	С	О	Щ	Ш	А	О	Ъ	Н	С
К	Й	Н	Г	А	Ц	И	Р	Л	Н	П	Р	Р	Е	Е
Д	Ы	И	Н	И	Е	Щ	О	Б	О	И	Ы	Ю	В	Р
С	Н	С	И	Н	Б	Т	Д	Ч	Й	Я	И	Г	Р	Д
Ф	З	Ж	Ж	Б	Б	Щ	З	А	Ь	Ы	У	Н	О	Ц
Б	А	К	Т	Е	Р	И	А	Л	Ь	Н	Ы	Й	П	Е
П	Р	М	Й	Ы	Н	Ч	О	Г	Е	Л	Р	Ы	А	Л
Е	А	Й	Ы	Н	Ч	И	Н	С	Я	О	П	Б	Т	Л
О	З	И	Ь	Т	Ф	Г	П	В	Т	У	Ф	А	И	П
А	Л	Л	Е	Р	Г	И	И	У	В	Р	Ж	Л	Я	Я
Х	Р	О	Н	И	Ч	Е	С	К	И	Й	Ы	С	Д	Д
Д	Ы	Х	А	Т	Е	Л	Ь	Н	Ы	Й	Ш	Й	Ы	К

БРЮШНОЙ
ОСТРЫЙ
АЛЛЕРГИИ
БАКТЕРИАЛЬНЫЙ
ЗАРАЗНЫЙ
СЕРДЦЕ
ХРОНИЧЕСКИЙ
ТЕЛО
СЛАБЫЙ

КОСТИ
ИММУНИТЕТ
ПОЯСНИЧНЫЙ
НЕВРОПАТИЯ
ЛЕГОЧНЫЙ
ДЫХАТЕЛЬНЫЙ
ЗДОРОВЬЕ
СИНДРОМ
ТЕРАПИЯ

55 - Deportes

Г	И	Б	Т	Е	Ф	Д	Е	П	И	С	О	Л	Е	В
И	Г	А	Д	Н	А	М	О	К	Н	П	Т	О	И	Ы
М	Р	С	Ь	И	И	Ч	Ы	Ь	О	О	Е	М	И	Т
Н	О	К	Ц	О	Е	Х	О	М	И	Р	Н	Р	О	Г
А	К	Е	И	Н	Е	Ж	И	В	Д	Т	Н	Ь	Ь	И
З	Ы	Т	К	Ъ	М	П	И	У	А	С	И	Н	Л	М
И	О	Б	Ч	Б	Ы	Ю	Ш	Ц	Т	М	С	Т	Е	Н
Я	Ц	О	Р	Е	Н	Е	Р	Т	С	Е	Т	И	Т	А
Ф	Ь	Л	О	Г	М	Х	Ф	Ю	С	Н	Ф	Г	И	С
Х	О	К	К	Е	Й	П	М	Ж	Л	Д	Л	Р	Д	Т
Ц	А	Х	Ф	Ц	Ж	Я	И	Б	В	Я	Б	А	Е	И
П	Л	А	В	А	Т	Ь	Л	О	Б	С	Й	Е	Б	К
Ф	Е	Ъ	Л	П	Щ	Д	Ш	Ж	Н	Н	Ф	В	О	А
Щ	Ь	Л	Ы	Ш	К	У	Ч	У	Ъ	А	Л	Н	П	М
О	Л	Ш	Г	Ж	Е	С	Я	Е	Ю	Е	Т	Щ	С	Ш

СПОРТСМЕН
СУДЬЯ
БАСКЕТБОЛ
БЕЙСБОЛ
ВЕЛОСИПЕД
ЧЕМПИОНАТ
ТРЕНЕР
КОМАНДА
СТАДИОН
ПОБЕДИТЕЛЬ
ГИМНАСТИКА
ГИМНАЗИЯ
ГОЛЬФ
ХОККЕЙ
ИГРА
ИГРОК
ДВИЖЕНИЕ
ПЛАВАТЬ
ТЕННИС

56 - Actividades

К	Е	Р	А	М	И	К	А	Ц	Ъ	Н	Д	П	К	А
П	Е	Ш	И	Й	Т	У	Р	И	З	М	А	Ш	С	Г
Е	И	Н	Е	Т	Ч	Ъ	Ч	У	Д	Ф	Б	В	К	А
О	В	Т	С	Д	О	В	О	Д	А	С	Ф	У	Ы	Л
Я	Т	Д	Е	Я	Т	Е	Л	Ь	Н	О	С	Т	Ь	К
Ш	С	Ф	О	Т	О	Г	Р	А	Ф	И	Я	И	Т	Н
И	Ь	Р	Е	М	Е	С	Л	А	Я	Д	О	С	У	Г
Т	Л	Х	Р	Р	Ы	Б	Н	А	Я	Л	О	В	Л	Я
Ь	О	С	Ы	Я	И	Ц	А	С	К	А	Л	Е	Р	Л
Е	В	И	К	Д	А	Г	А	З	Ъ	Е	Т	Ш	Ч	К
М	О	Д	Е	Ч	Х	О	Р	У	М	В	Ж	О	Т	Л
А	Д	У	Щ	У	У	Я	Х	Ы	Н	Ш	О	Л	Х	Ч
Г	У	Х	С	Ц	И	С	К	У	С	С	Т	В	О	О
И	И	Н	Т	Е	Р	Е	С	Ы	Ъ	П	В	К	Д	Ф
Я	В	Я	З	А	Н	И	Е	Е	Л	Р	Ы	О	Ы	Я

ДЕЯТЕЛЬНОСТЬ
ИСКУССТВО
РЕМЕСЛА
ОХОТА
КЕРАМИКА
ШИТЬЕ
ФОТОГРАФИЯ
НАВЫК
ИНТЕРЕСЫ
САДОВОДСТВО
ИГРЫ
ЧТЕНИЕ
МАГИЯ
ДОСУГ
РЫБНАЯ ЛОВЛЯ
УДОВОЛЬСТВИЕ
РЕЛАКСАЦИЯ
ЗАГАДКИ
ПЕШИЙ ТУРИЗМ
ВЯЗАНИЕ

57 - Verduras

К	О	Ш	И	Т	Р	А	Л	Щ	Г	Г	В	С	Ц	Ш
О	А	Ъ	Т	Ю	Л	Д	Н	Ц	О	Р	Ы	Ф	Ы	П
Н	Р	Р	О	Д	И	М	О	П	Р	И	Д	Ч	Г	И
С	Т	Е	Т	С	А	Л	А	Т	О	Б	Х	П	У	Н
Е	С	Т	Д	О	Ж	П	У	И	Х	Б	Ъ	Ц	Ь	А
Ч	А	Х	Ь	И	Ф	Б	Д	Л	П	А	П	Е	Р	Т
Т	Ы	К	В	А	С	Е	И	У	Е	К	Л	Р	И	Ф
М	Г	Ц	О	М	Е	К	Л	К	Т	Л	С	У	Б	М
Т	У	Ъ	К	Е	А	И	О	Ь	Р	А	У	Г	М	Г
Д	Е	Щ	Р	Н	П	Б	К	Р	У	Ж	Г	О	И	Ь
Н	В	Ю	О	Б	О	Ы	К	Р	Ш	А	И	Ъ	О	Ц
К	Т	Е	М	Г	Я	М	О	Л	К	Н	М	Ф	М	О
Ъ	Н	Е	У	Ц	Е	Щ	Р	Г	А	Ш	Ю	Я	Ь	Ж
О	Л	И	В	К	А	Б	Б	М	У	Ч	Т	И	Ы	А
Ь	С	Е	Л	Ь	Д	Е	Р	Е	Й	Ь	Л	Ю	Ъ	А

ЧЕСНОК
АРТИШОК
СЕЛЬДЕРЕЙ
БАКЛАЖАН
БРОККОЛИ
ТЫКВА
ЛУК
САЛАТ
ШПИНАТ
ГОРОХ
ИМБИРЬ
РЕПА
ОЛИВКА
КАРТОФЕЛЬ
ОГУРЕЦ
ПЕТРУШКА
РЕДИС
ГРИБ
ПОМИДОР
МОРКОВЬ

58 - Instrumentos Musicales

С	А	К	С	О	Ф	О	Н	С	К	Р	И	П	К	А
Ь	Б	Н	П	Т	Н	Х	Е	Б	А	Н	Д	Ж	О	А
С	У	А	И	Е	Д	Т	Б	Ч	У	А	П	Д	К	Р
Г	Р	Е	Ч	Л	Р	Ъ	У	Ю	Ж	Б	Н	Ю	Р	Ф
Г	Т	С	Ш	Щ	О	К	Б	Ъ	Е	А	У	К	И	А
Ф	О	М	О	М	Ш	Д	У	А	Ш	Р	У	Л	Г	В
Г	Ч	Н	Ш	Г	Я	Ю	Н	С	Б	А	Г	А	Т	И
Ф	Р	Щ	Г	П	Ю	Г	Х	А	С	Б	Ю	Р	Р	О
М	А	Р	И	М	Б	А	Л	В	М	И	Ж	Н	О	Л
Р	Р	Ф	К	Г	С	Ш	Д	П	Л	Б	Я	Е	М	О
Ы	А	Щ	К	Т	Р	Г	Щ	Р	И	И	М	Т	Б	Н
Е	Т	О	Г	А	Ф	Г	Л	Р	Х	Д	Щ	Ч	О	Ч
Г	И	И	Ц	Г	О	Б	О	Й	Ж	Ю	Ь	Ы	Н	Е
Л	Г	П	И	У	П	И	А	Н	И	Н	О	Я	Р	Л
Ф	Л	Е	Й	Т	А	К	И	Н	О	М	Р	А	Г	Ь

ГАРМОНИКА
АРФА
БАНДЖО
КЛАРНЕТ
ФАГОТ
ФЛЕЙТА
ГОНГ
ГИТАРА
МАНДОЛИНА
МАРИМБА
ГОБОЙ
БУБЕН
ПЕРКУССИЯ
ПИАНИНО
САКСОФОН
БАРАБАН
ТРОМБОН
ТРУБА
СКРИПКА
ВИОЛОНЧЕЛЬ

59 - Formas

Ъ	С	Б	Х	Я	И	Н	И	Л	О	Г	У	Ь	Ы	А
П	Р	И	З	М	А	З	У	С	Ф	Е	Р	А	Д	Х
Ъ	К	Т	Ш	Я	О	А	Г	Д	П	У	Д	Д	Ш	Ь
Ь	И	В	В	Е	А	Я	У	И	Ж	Х	Н	И	Е	Н
П	Н	Ч	Ш	Г	В	А	Р	Ю	Б	Щ	И	М	М	Ц
Э	Ь	Ж	М	Р	У	М	К	Н	И	А	Л	А	Н	П
У	Л	С	Т	О	Р	О	Н	А	К	С	И	Р	Л	О
Д	О	Л	К	Р	А	Я	Ъ	Ж	Ы	Ъ	Ц	И	Ш	Л
У	Г	Ш	И	А	Ш	Ъ	Щ	Р	Ц	О	К	П	Ъ	И
Г	У	Б	Ц	П	Д	Я	И	П	Л	М	Ж	У	Л	Г
А	О	Щ	В	О	С	В	К	Р	С	Ю	Т	У	Б	О
Ш	М	Б	Е	Р	У	П	Л	О	Щ	А	Д	Ь	Ь	Н
О	Я	Ф	Й	Ы	Н	Ь	Л	А	В	О	Ф	Ж	П	Ъ
Л	Р	Т	О	Х	О	Г	И	П	Е	Р	Б	О	Л	А
Ю	П	Н	В	Ч	К	Ю	Д	Б	Ъ	Г	Е	Д	И	Ф

ДУГА
КРАЯ
ЦИЛИНДР
КРУГ
КОНУС
ПЛОЩАДЬ
КУБ
ИЗГИБ
ЭЛЛИПС
СФЕРА
УГОЛ
ГИПЕРБОЛА
СТОРОНА
ЛИНИЯ
ОВАЛЬНЫЙ
ПИРАМИДА
ПОЛИГОН
ПРИЗМА
ПРЯМОУГОЛЬНИК

60 - Flores

О	Р	Х	И	Д	Е	Я	Ю	К	М	Р	Р	Х	М	Щ
Т	Е	К	У	Б	Ю	Я	И	Л	И	Л	Х	О	Н	Ч
П	В	Ь	И	Л	Г	И	Б	И	С	К	У	С	З	Р
П	Е	С	Ф	Ы	Л	Н	С	Р	Б	О	Н	М	Н	А
С	Л	И	Н	Л	Б	Е	И	Ш	К	Т	Л	А	К	К
М	К	Ю	Ч	Ц	О	Д	Р	К	О	С	О	Г	Ш	Т
Я	А	Х	М	Л	Ф	Р	Е	А	А	Е	С	Н	Ы	И
Ж	Н	К	Я	Е	Ы	А	Н	Л	В	П	Д	О	Е	Р
Ф	Ю	Ж	С	Ч	Р	Г	Ь	Е	У	Е	О	Л	Л	А
П	И	О	Н	Р	Ш	И	Д	Н	Ю	Л	П	И	К	Г
Л	А	В	А	Н	Д	А	Я	Д	Ы	У	Н	Я	Ц	Р
Ч	Ъ	Ф	Ю	Ь	Г	Г	Р	У	Ш	Х	В	Ю	Ф	А
Ъ	Н	Ф	Р	Я	Х	Ж	А	Л	Е	Д	Ф	Т	Ш	М
Ъ	Е	Ф	Ф	К	И	Ч	Н	А	В	У	Д	О	Н	У
Ж	А	С	М	И	Н	А	П	Ь	Л	Ю	Т	П	Н	М

МАК
КАЛЕНДУЛА
ОДУВАНЧИК
ГАРДЕНИЯ
ПОДСОЛНУХ
ГИБИСКУС
ЖАСМИН
ЛАВАНДА
СИРЕНЬ
ЛИЛИЯ

МАГНОЛИЯ
МАРГАРИТКА
ОРХИДЕЯ
ПИОН
ЛЕПЕСТОК
ПЛЮМЕРИЯ
БУКЕТ
РОЗА
КЛЕВЕР
ТЮЛЬПАН

61 - Astronomía

С	У	А	С	Т	Р	О	Н	А	В	Т	Щ	Т	З	У
Ъ	В	Г	А	Л	А	К	Т	И	К	А	Ы	Е	А	С
К	К	Е	И	Н	Е	Ч	У	Л	З	И	Ж	Л	Т	О
М	И	В	Р	М	Р	Ц	Ж	Ъ	Л	Ь	Р	Е	М	З
Ю	Е	Щ	О	Х	С	П	У	Т	Н	И	К	С	Е	В
Х	Г	Т	Е	Х	Н	Н	Ы	А	Ч	Л	Ы	К	Н	Е
Р	Ж	Я	Е	Ю	С	О	М	С	О	К	Ц	О	И	З
Ш	П	М	Ф	О	М	Щ	В	В	У	В	Ф	П	Е	Д
Ю	М	О	Н	О	Р	Т	С	А	Н	У	Л	И	Щ	И
И	В	Б	С	Н	Ч	Ч	Щ	Т	Я	Л	М	Е	З	Е
А	В	Е	И	В	Т	С	Н	Е	Д	О	Н	В	А	Р
Ь	П	Н	У	Ф	Щ	О	Е	Н	Ф	Ш	А	Ч	П	Г
Р	А	К	Е	Т	А	Ж	Л	А	Я	Ц	К	Т	У	П
А	С	Т	Е	Р	О	И	Д	Л	Щ	С	Л	Р	Г	Г
К	С	Щ	Ь	Ъ	Я	Д	Ь	П	Ъ	Я	Р	Д	П	В

АСТЕРОИД
АСТРОНАВТ
АСТРОНОМ
НЕБО
РАКЕТА
СОЗВЕЗДИЕ
КОСМОС
ЗАТМЕНИЕ
РАВНОДЕНСТВИЕ
ГАЛАКТИКА
ЛУНА
МЕТЕОР
ПЛАНЕТА
ИЗЛУЧЕНИЕ
СПУТНИК
СВЕРХНОВАЯ
ТЕЛЕСКОП
ЗЕМЛЯ

62 - Tiempo

Ы	С	К	А	Л	Е	Н	Д	А	Р	Ь	Л	Г	В	Е
Я	И	Е	И	Т	Е	Л	И	Т	Я	С	Е	Д	Ч	Р
Я	Ч	В	Г	В	Щ	Ч	Ш	У	Ь	А	Ъ	О	Е	Х
К	Ы	Е	Г	О	У	Й	У	Н	Б	Ч	Р	Г	Р	Г
М	У	С	Л	Р	Д	Ы	У	И	Ф	Й	Р	Г	А	В
П	О	Л	Р	Т	У	Н	Г	М	Ф	Е	Ф	Н	Ш	П
Н	Щ	М	Х	У	Б	Д	Я	Ж	Е	С	М	Е	Е	О
О	О	О	Е	Ж	Л	О	С	Ж	У	Г	Е	Д	Щ	Л
Г	Н	Ч	Ь	Н	Я	Г	В	Ш	У	Ю	С	Е	В	Д
Ш	Ч	Ц	Ь	П	Т	Е	Д	А	Ц	В	Я	Л	А	Е
Щ	А	Г	Ч	Я	Ш	Ж	Ю	Ц	Д	А	Ц	Я	Н	Н
Ы	С	А	Ч	Г	А	Е	Д	Г	Е	Д	Х	Ъ	Ш	Ь
Ю	Д	О	Ю	М	П	Ь	Т	Ъ	Н	Д	Я	Т	А	Б
О	У	Н	Г	Х	Ч	О	Ы	Ф	Ь	Х	С	Б	Ы	Г
Н	О	Ю	Н	В	Ж	П	К	Ы	Б	К	Т	Х	К	Ю

СЕЙЧАС
ДО
ЕЖЕГОДНЫЙ
ГОД
ВЧЕРА
КАЛЕНДАРЬ
ДЕСЯТИЛЕТИЕ
ДЕНЬ
БУДУЩЕЕ
ЧАС

СЕГОДНЯ
УТРО
ПОЛДЕНЬ
МЕСЯЦ
МИНУТА
МОМЕНТ
НОЧЬ
ЧАСЫ
НЕДЕЛЯ
ВЕК

63 - Paisajes

У	У	Ю	Ц	Г	А	Ю	В	Е	У	Ь	А	Р	Д	И
Ь	Ч	Ь	Б	Ц	В	А	Ж	Ш	О	Е	Щ	Х	Ч	П
Т	В	В	О	Р	Т	С	О	Т	Ю	П	Я	Щ	У	Т
Ъ	Б	Д	Л	Е	Я	В	Ш	У	Ш	О	Г	Х	Щ	П
О	Г	Ф	О	З	Х	К	Б	Н	Р	Л	И	Ш	Ч	Щ
Д	З	Б	Т	Й	А	И	Р	Д	У	У	Г	Е	С	Щ
Е	С	Е	О	Е	И	Н	Ц	Р	В	О	Р	О	С	К
Ь	О	Н	Р	Г	Л	Д	Г	А	О	С	Е	Ъ	Р	Ж
З	А	Я	Л	О	О	Е	А	Т	Д	Т	Б	П	Ц	А
А	З	К	А	Н	И	Л	О	Д	О	Р	С	Е	М	Д
Л	И	Б	Г	Г	Л	А	М	Я	П	О	Й	Щ	О	Х
И	С	Ж	У	Я	М	Т	А	М	А	В	А	Е	Р	Б
В	П	Я	Н	Ы	Т	С	У	П	Д	Х	П	Р	Е	А
Р	Ж	Л	А	К	Е	Р	Л	Р	Ц	П	М	А	Щ	У
Я	Ф	П	В	У	Л	К	А	Н	Х	Л	П	Ъ	И	Д

ВОДОПАД
ПЕЩЕРА
ПУСТЫНЯ
ГЕЙЗЕР
ЛЕДНИК
ЗАЛИВ
АЙСБЕРГ
ОСТРОВ
ОЗЕРО
ЛАГУНА
МОРЕ
ГОРА
ОАЗИС
БОЛОТО
ПОЛУОСТРОВ
ПЛЯЖ
РЕКА
ТУНДРА
ДОЛИНА
ВУЛКАН

64 - Días y Meses

Н	П	Я	Т	Н	И	Ц	А	У	С	П	С	В	И	Т
О	Ж	Ю	Я	Н	Г	М	К	Я	И	Д	У	Т	Ю	И
Я	К	А	Л	Е	Н	Д	А	Р	Ь	Х	Б	О	Л	Ф
Б	Щ	Ю	Е	Ю	К	Ж	Е	Ц	Н	Ы	Б	Р	Ь	Е
Р	А	Л	Д	М	О	С	О	Ю	Х	П	О	Н	О	В
Ь	П	У	Е	Н	Ю	Ы	Е	Ц	О	О	Т	И	К	Р
И	Ь	И	Н	У	Я	Т	Н	Г	Я	Н	А	К	Т	А
И	Ю	Н	Ь	Ь	Ф	У	Ц	Я	С	Е	М	Ь	Я	Л
А	Я	Н	В	А	Р	Ь	Ц	Г	Щ	Д	Ь	Е	Б	Ь
А	П	С	Е	Н	Т	Я	Б	Р	Ь	Е	О	Ж	Р	Б
Б	В	Р	С	Р	Е	Д	А	Е	Р	Л	Ъ	Г	Ь	Ь
Т	П	Г	Е	С	Е	О	Ь	В	Ч	Ь	К	Ф	К	Я
П	Ф	Т	У	Л	Г	Р	М	Т	Ю	Н	Ю	Л	Я	И
Ь	Ы	Ж	Х	С	Ь	Е	Ф	Е	Ж	И	П	Щ	Ш	Г
Ъ	К	К	Х	Я	Т	Щ	О	Ч	Н	К	Ч	Ъ	П	Т

АПРЕЛЬ
АВГУСТ
ГОД
КАЛЕНДАРЬ
ЯНВАРЬ
ФЕВРАЛЬ
ЧЕТВЕРГ
ИЮЛЬ
ИЮНЬ
ПОНЕДЕЛЬНИК
ВТОРНИК
МЕСЯЦ
СРЕДА
НОЯБРЬ
ОКТЯБРЬ
СУББОТА
НЕДЕЛЯ
СЕНТЯБРЬ
ПЯТНИЦА

65 - Biología

М	Щ	Щ	Щ	О	С	Ъ	Б	Ш	Х	Р	Я	Г	С	Р
Н	Е	Й	Р	О	Н	Ф	Ь	Т	Д	Ь	Ж	Щ	А	Ц
Е	Э	В	О	Л	Ю	Ц	И	Я	Н	Ш	Г	Х	Ы	Ю
Г	Ь	Й	Ы	Н	Н	Е	В	Т	С	Е	Т	С	Е	А
А	М	О	С	О	М	О	Р	Х	Д	Е	М	В	О	Ц
Л	К	Ш	Ф	Ч	Ш	В	Б	А	К	Т	Е	Р	И	И
Л	С	Г	С	Р	Е	П	Т	И	Л	И	Я	Е	Е	Щ
О	С	И	О	М	У	Т	А	Ц	И	Я	Г	Н	Ь	Ф
К	И	Ю	М	Р	А	Н	А	Т	О	М	И	Я	Ж	Я
Ы	Н	К	С	Б	М	Щ	С	Ш	Б	Е	Л	О	К	Ч
В	А	С	О	К	И	О	Э	М	Б	Р	И	О	Н	Е
Р	П	Е	Ч	П	Н	О	Н	А	Г	Ш	Е	Г	Ь	Й
Х	С	Г	Ф	Ч	Ъ	Ф	З	Д	К	К	Р	Ф	А	К
М	Л	Е	К	О	П	И	Т	А	Ю	Щ	Е	Е	С	А
Б	Ю	Ф	И	Ф	О	Т	О	С	И	Н	Т	Е	З	Б

АНАТОМИЯ
БАКТЕРИИ
ЯЧЕЙКА
КОЛЛАГЕН
ХРОМОСОМА
ЭМБРИОН
ФЕРМЕНТ
ЭВОЛЮЦИЯ
ФОТОСИНТЕЗ
ГОРМОН
МЛЕКОПИТАЮЩЕЕ
МУТАЦИЯ
ЕСТЕСТВЕННЫЙ
НЕРВ
НЕЙРОН
ОСМОС
БЕЛОК
РЕПТИЛИЯ
СИМБИОЗ
СИНАПС

66 - Jardinería

Г	Э	К	З	О	Т	И	Ч	Е	С	К	И	Й	В	Р
Ю	Р	У	П	В	В	Р	Й	Ж	К	Ц	Щ	Л	Р	К
А	Г	Я	Н	Д	П	Ф	Ы	Ш	Н	С	Ж	А	А	С
В	Л	Ю	З	Ы	Ч	Д	Н	Б	М	Ж	Ш	А	В	Ъ
Т	О	Ю	Л	Ь	Р	Ъ	Н	А	Г	А	Л	В	И	Е
С	Х	Д	Ц	В	Е	Т	О	Ч	Н	Ы	Й	Ч	Д	Д
И	К	А	А	Т	Н	Е	З	Л	А	Е	Ф	О	К	О
Л	И	С	Т	Ю	Й	К	Е	Е	Л	Я	М	П	Б	Б
Ы	Ю	Т	Я	Е	Е	У	С	И	Ш	Ь	К	Е	Т	Н
Ь	Г	О	Я	Т	Т	Б	О	Н	Ю	Р	Х	Щ	С	Ы
Ю	Б	О	Т	А	Н	И	Ч	Е	С	К	И	Й	О	Й
К	Щ	Ы	К	М	О	Ж	И	Т	К	Н	О	Е	П	У
Ц	П	Ъ	Ю	И	К	П	Ф	Е	Р	Ъ	А	Ж	М	Щ
И	Д	Ы	Н	Л	Б	Е	У	В	Ч	Ж	К	Н	О	Ю
Ъ	Щ	А	К	К	Ж	А	Х	Ц	Ф	Ж	Л	Ы	К	Б

ВОДА
БОТАНИЧЕСКИЙ
КЛИМАТ
СЪЕДОБНЫЙ
КОМПОСТ
КОНТЕЙНЕР
ВИД
СЕЗОННЫЙ
ЭКЗОТИЧЕСКИЙ
ЦВЕТЕНИЕ
ЦВЕТОЧНЫЙ
ЛИСТВА
ЛИСТ
САД
ВЛАГА
ШЛАНГ
БУКЕТ
СЕМЕНА
ГРЯЗЬ
ПОЧВА

67 - Barbacoas

Б	И	Л	Ц	Н	Т	Ю	В	С	Ь	А	Г	Ш	Ч	Д
П	Т	А	Ц	И	Р	У	К	О	Д	Р	У	З	Ь	Я
Ж	С	М	Ч	Ы	Г	С	Р	У	О	С	Г	Ф	Ф	К
Ф	Р	У	К	Т	С	Р	С	С	Л	Н	Б	Р	Х	А
Ю	Ю	Щ	Д	А	Р	Ш	Ы	Р	О	Д	И	М	О	П
О	Т	Е	Л	Л	Ы	Ю	Ь	О	Г	Г	Н	Ь	С	О
Г	Б	Ц	Щ	А	К	Ы	З	У	М	Р	О	Д	Б	А
Н	О	Е	Ф	С	Ш	Ы	Я	Л	Ш	И	Ж	Л	У	М
Х	Б	Р	Д	М	Ъ	Ч	С	Ю	Щ	Л	И	У	П	Т
А	Л	Е	Я	Ж	Х	В	Е	С	М	Ь	Щ	К	М	Е
О	Р	П	Ц	Ч	П	О	М	В	У	И	О	Ш	Е	Ч
Ж	Х	О	С	Л	И	Ю	Ь	Л	О	С	В	Щ	Р	Ь
М	С	М	Ф	Ф	Т	Й	Я	Р	Г	Ш	О	И	Л	И
О	Ш	Т	И	Ь	Е	Ж	П	М	Ш	О	И	Н	Ю	Р
С	У	Ю	А	Б	Д	У	М	Ж	Л	В	Ъ	Ь	У	Р

ДРУЗЬЯ
ГОРЯЧИЙ
ЛУК
ОБЕД
НОЖИ
САЛАТЫ
СЕМЬЯ
ФРУКТ
ГОЛОД
ИГРЫ
МУЗЫКА
ДЕТИ
ГРИЛЬ
ПЕРЕЦ
КУРИЦА
СОЛЬ
СОУС
ПОМИДОРЫ
ЛЕТО
ОВОЩИ

68 - Ropa

С	И	К	С	О	Н	П	О	Ц	П	Б	Л	У	З	А
В	Ф	У	Ш	Ш	Ы	А	Е	Т	С	Л	Н	Г	Ц	К
И	С	Р	Ы	Ж	Х	П	П	Р	У	Н	А	Д	О	М
Т	А	Т	А	П	Я	Л	Ш	Ф	Ч	Ф	Ц	Т	Я	Г
Е	Н	К	М	Ш	М	Ф	А	Х	Ф	А	Ф	Т	Ь	Т
Р	Д	А	А	Б	Р	А	С	Л	Е	Т	Т	Е	Ж	Е
Д	А	Р	Ж	П	А	Л	Ь	Т	О	Ф	Я	К	Ц	Ю
Ъ	Л	Р	И	В	Ч	А	Т	В	И	Ж	Ь	В	И	Б
Ж	И	Н	П	Б	Р	Ю	К	И	Б	Ч	Г	Ь	В	К
А	И	О	М	У	Ъ	К	Г	М	М	Г	О	В	Х	А
Х	Р	У	Б	А	Ш	К	А	Ф	А	Р	Т	У	К	Н
О	Ж	Е	Р	Е	Л	Ь	Е	Р	С	Л	О	Б	С	Л
Ш	Ы	М	В	П	Ш	Ц	Л	Д	Ч	Г	Ь	О	К	М
Е	Ы	У	Ж	Ъ	Н	Н	А	Т	Б	П	В	Д	Щ	Л
Р	Е	П	Ы	К	Ъ	Ч	Ю	В	М	П	О	Я	С	С

ПАЛЬТО
БЛУЗА
ШАРФ
НОСКИ
РУБАШКА
КУРТКА
ПОЯС
ОЖЕРЕЛЬЕ
ФАРТУК
ЮБКА
ПЕРЧАТКИ
МОДА
БРЮКИ
ПИЖАМА
БРАСЛЕТ
САНДАЛИИ
ШЛЯПА
СВИТЕР
ПЛАТЬЕ
ОБУВЬ

69 - Meditación

Д	Т	Ь	Х	Я	С	М	Ю	Т	Н	П	Ж	Я	Я	У
С	О	М	И	Р	Й	Ы	Н	Й	О	К	О	П	С	М
О	У	Б	Я	Я	А	С	И	М	Я	Я	Щ	Ж	У	С
С	Ч	Н	Р	Ы	В	Л	И	А	У	Ц	В	Д	М	Т
Т	Ь	Б	Ш	О	И	И	Ц	Р	А	З	Ъ	О	Ж	В
Р	Ш	Я	Ц	Ь	Т	С	О	Н	С	Я	Ы	Ы	Ж	Е
А	З	О	П	Щ	К	А	М	Ю	Ь	Л	Х	К	Ь	Н
Д	Т	Щ	Ч	Ч	Е	В	Э	М	П	Ь	Ь	Т	А	Н
А	И	Я	Р	В	П	Д	В	И	Ж	Е	Н	И	Е	Ы
Н	Ш	Ь	И	С	С	П	Р	И	Н	Я	Т	И	Е	Й
И	И	А	Д	О	Р	И	Р	П	У	А	А	Ч	К	Т
Е	Н	Ж	Щ	М	Е	И	Н	А	Х	Ы	Д	Ъ	Р	А
Л	А	Ф	Щ	Е	П	В	Н	И	М	А	Н	И	Е	Г
У	П	Б	Л	А	Г	О	Д	А	Р	Н	О	С	Т	Ь
Н	А	Б	Л	Ю	Д	Е	Н	И	Е	У	Т	С	Щ	М

ПРИНЯТИЕ
ВНИМАНИЕ
ДОБРОТА
СПОКОЙНЫЙ
ЯСНОСТЬ
СОСТРАДАНИЕ
ЭМОЦИИ
БЛАГОДАРНОСТЬ
УМСТВЕННЫЙ
УМ
ДВИЖЕНИЕ
МУЗЫКА
ПРИРОДА
НАБЛЮДЕНИЕ
МИР
МЫСЛИ
ПЕРСПЕКТИВА
ПОЗА
ДЫХАНИЕ
ТИШИНА

70 - Café

Ж	Ч	У	Ы	Ш	А	А	Р	Ф	Ь	Т	К	Ф	Ж	А
Т	У	Ч	Е	Л	Ы	У	Я	И	Т	М	А	У	Ч	Ъ
К	Р	Е	М	Ъ	В	Т	А	М	О	Р	А	А	Т	И
О	А	Й	Ы	Н	Е	Р	А	Ж	Л	Щ	Д	В	М	Щ
Т	Х	И	К	С	Ж	О	О	Ы	О	Ш	О	М	О	Б
И	А	К	Ь	О	Щ	Г	Ф	М	М	К	В	К	Н	Ш
П	С	Ь	Ш	Т	Ф	П	А	О	Ф	П	И	Т	Ь	Ж
А	А	Р	Р	Ч	Ф	Е	М	Ъ	Ю	Ю	Т	Л	Л	Г
Н	Е	О	Ж	Ц	А	Ч	И	У	Л	Ш	С	Ж	И	Л
Ы	М	Г	Л	Ю	У	Ш	Н	Н	Р	Ъ	И	Д	Щ	И
Я	Ь	А	Ь	Т	С	О	К	Д	И	Ж	В	К	У	С
Ю	В	С	Е	К	Ш	Н	Ф	А	О	И	Л	Ж	П	О
Ж	Ъ	Е	П	М	Ю	А	Ь	Я	Н	Л	В	Ц	Л	У
М	О	Л	О	К	О	И	Т	М	Ч	Е	Р	Н	Ы	Й
Ф	И	Л	Ь	Т	Р	Г	Ш	О	Н	Е	Ц	Ъ	У	Я

ВОДА
ГОРЬКИЙ
АРОМАТ
ЖАРЕНЫЙ
САХАР
ПИТЬ
НАПИТОК
КОФЕИН
КРЕМ
ФИЛЬТР
МОЛОКО
ЖИДКОСТЬ
УТРО
МОЛОТЬ
ЧЕРНЫЙ
ЦЕНА
ВКУС
ЧАШКА

71 - Libros

Ф	Э	Т	Ч	Ч	И	П	К	Ч	Л	Ъ	К	Я	С	Ю
Ж	П	Р	О	М	А	Н	У	Р	И	О	Я	Й	Л	А
Я	И	Ц	К	Е	Л	Л	О	К	Т	А	Т	Ы	О	Ц
И	Ч	Т	Ж	Ю	О	Д	П	К	Е	Н	В	Н	В	И
З	Е	Т	Я	Ж	Я	Р	О	О	Р	А	Т	Т	А	Н
Э	С	С	Е	Р	И	И	Г	Н	А	П	Ы	С	О	А
О	К	Щ	У	Л	Р	Ч	Р	Т	Т	И	Н	Е	Ф	Р
П	И	Г	О	Ъ	О	И	У	Е	У	С	Х	М	Ч	Т
М	Й	Т	Т	И	Т	Т	Ж	К	Р	А	С	У	Г	С
Д	И	Л	И	П	С	А	Е	С	Н	Н	Ч	Т	Г	Д
Х	К	Ц	Ц	Т	И	Т	Н	Т	Ы	О	Х	Х	И	Б
Ч	Ь	С	Д	Ы	Ю	Е	И	Ш	Й	Ъ	С	О	О	Х
С	Н	Х	Ш	Х	Ж	Л	Е	Р	Т	Б	В	Я	Ш	У
А	У	П	Ю	О	Ч	Ь	Л	Н	Д	О	А	Ю	Ф	И
П	Р	И	К	Л	Ю	Ч	Е	Н	И	Е	Ф	Я	У	Л

АВТОР
ПРИКЛЮЧЕНИЕ
КОЛЛЕКЦИЯ
КОНТЕКСТ
ЭПИЧЕСКИЙ
НАПИСАНО
ИСТОРИЯ
ПОГРУЖЕНИЕ
ЧИТАТЕЛЬ
ЛИТЕРАТУРНЫЙ
РОМАН
СЛОВА
СТРАНИЦА
УМЕСТНЫЙ
СТИХ
ПОЭЗИЯ
СЕРИИ

72 - Fotografía

Т	Ы	Н	В	А	Т	С	О	С	Т	Ф	Я	Ю	Е	Ю
Е	Е	В	И	В	Е	Е	И	Н	Е	Щ	Е	В	С	О
Р	В	М	Д	К	У	Ь	П	Т	Н	Р	О	Р	У	Г
Т	Ю	С	Н	Ы	Г	Ж	Е	Е	И	А	Б	Е	Б	Щ
Р	С	Ъ	М	О	Ш	Б	Р	К	Г	М	Ъ	В	Ю	Ы
О	Ф	Ф	Й	Т	Т	И	С	С	Ю	К	Е	Т	Е	Н
П	Ф	Т	Ы	Ы	Т	А	П	Т	У	А	К	Л	Ж	О
К	Я	О	Н	В	Я	О	Е	У	В	К	Т	Х	Л	Н
Л	Ы	Т	Р	Е	Р	Ъ	К	Р	Е	А	Ц	В	Е	Т
Ц	Д	П	Е	М	Т	К	Т	А	В	М	Б	Е	Д	Ь
Р	Н	Ш	Ч	М	А	Г	И	Р	Н	Е	Т	Ь	Т	П
Р	Х	Ц	Б	Щ	А	Т	В	Я	Ш	Р	Ч	О	С	Е
Р	О	Я	Д	Т	К	Е	А	К	В	А	Т	С	Ы	В
О	П	Р	Е	Д	Е	Л	Е	Н	И	Е	А	Ц	В	Е
К	О	Н	Т	Р	А	С	Т	В	Ч	У	Г	Я	В	Ш

КАМЕРА
ЦВЕТ
СОСТАВ
КОНТРАСТ
ОПРЕДЕЛЕНИЕ
ВЫСТАВКА
ФОРМАТ
ОСВЕЩЕНИЕ
РАМКА
ЧЕРНЫЙ
ОБЪЕКТ
ТЕМНОТА
ПЕРСПЕКТИВА
ПОРТРЕТ
ТЕНИ
ТЕМА
ТЕКСТУРА
ВИД

73 - Nutrición

Т	Б	Д	З	Д	О	Р	О	В	Ы	Й	У	С	У	Ф
А	Е	И	И	Р	О	Л	А	К	Е	Ю	Е	Ъ	Г	Е
Г	Л	Е	Я	Г	Ж	О	Р	Ю	Р	С	Д	Е	Л	Р
Ц	К	Т	И	Т	Е	П	П	А	В	У	Н	Д	Е	М
К	И	А	Ь	М	Л	Е	Е	Ъ	Х	Е	Б	О	В	Е
В	К	У	С	Ы	Ш	Ц	Ч	Ъ	Ч	Щ	С	Б	О	Н
П	И	Щ	Е	В	А	Р	Е	Н	И	Е	Ч	Н	Д	Т
Н	Ф	С	О	У	С	Х	Л	О	П	Ь	Я	Ы	Ы	А
А	У	Ц	У	В	Е	М	М	Ч	Щ	Н	Н	Й	Н	Ц
С	Х	Т	У	О	Т	Л	П	Я	У	Ц	И	Ъ	Щ	И
О	Ф	Г	Р	Х	Н	С	Г	О	Р	Ь	К	И	Й	Я
М	Р	Д	Ы	И	И	Л	Е	Ь	В	О	Р	О	Д	З
Я	Ь	Г	О	Ж	Е	И	К	Ч	Ы	В	И	Р	П	Ъ
Т	О	К	С	И	Н	Н	И	М	А	Т	И	В	С	Я
Ф	У	Р	К	Ф	Щ	К	Т	У	Ц	К	Ж	Ь	С	П

ГОРЬКИЙ
АППЕТИТ
КАЧЕСТВО
КАЛОРИИ
УГЛЕВОДЫ
ХЛОПЬЯ
СЪЕДОБНЫЙ
ДИЕТА
ПИЩЕВАРЕНИЕ
ФЕРМЕНТАЦИЯ
ПРИВЫЧКИ
НУТРИЕНТ
ВЕС
БЕЛКИ
ВКУС
СОУС
ЗДОРОВЬЕ
ЗДОРОВЫЙ
ТОКСИН
ВИТАМИН

74 - Edificios

П	Н	В	Ю	Ш	Л	Ф	Г	У	В	Ъ	Я	Т	О	Х
Ъ	О	Р	В	Б	Г	А	Р	А	Ж	А	Д	Е	Б	Щ
М	И	С	Д	У	А	Р	И	Т	Р	А	В	К	С	О
Г	Д	Ж	О	Г	Е	Ш	Ш	К	О	Л	А	Р	Е	Х
Ы	А	Ж	В	Л	Г	Ы	Н	Х	Ь	Ф	Ь	А	Р	Ъ
Т	Т	О	А	У	Ь	Х	У	Я	А	Ш	К	М	В	Х
Д	С	Б	З	О	Л	С	Я	Н	Ы	Б	Ь	Р	А	Я
М	К	Щ	В	Т	Е	Щ	Т	Ч	И	В	П	Е	Т	Б
О	Б	Е	С	Я	Т	Ь	Ч	В	Щ	Х	Ц	П	О	О
З	Ц	Ж	А	У	О	Н	И	К	О	Н	Н	У	Р	Л
А	Ф	И	Е	М	Ю	Р	М	У	З	Е	Й	С	И	Ь
М	Ш	Т	Ж	Ь	Б	Т	Ъ	Р	Ъ	Ь	О	А	Я	Н
О	И	И	Ч	Л	Я	А	Ф	Е	Р	М	А	Е	Н	И
К	С	Е	Т	М	О	Е	Р	Я	Е	В	Ж	М	Т	Ц
Л	А	Б	О	Р	А	Т	О	Р	И	Я	И	Д	Я	А

ОБЩЕЖИТИЕ
КВАРТИРА
ЗАМОК
КИНО
ПОСОЛЬСТВО
ШКОЛА
СТАДИОН
ЗАВОД
ГАРАЖ
АМБАР

ФЕРМА
БОЛЬНИЦА
ОТЕЛЬ
ЛАБОРАТОРИЯ
МУЗЕЙ
ОБСЕРВАТОРИЯ
СУПЕРМАРКЕТ
ТЕАТР
БАШНЯ

75 - Océano

О	Ь	П	Е	Ф	А	Е	К	Г	Ъ	О	А	А	М	Т
С	А	Р	Ш	А	Я	Ф	П	Р	Ц	В	Х	Г	Е	Ч
Ь	Н	И	Ф	Ь	Л	Е	Д	Ч	Е	Ч	А	К	Д	Ь
М	Ч	Л	Б	У	Р	Я	Ъ	Д	Н	В	П	К	У	Р
И	Т	И	К	О	Р	А	Л	Л	У	Щ	Е	Д	З	Ь
Н	С	В	М	Х	С	Л	Ц	Р	Т	Ю	Р	Т	А	Щ
О	Щ	Ы	Л	А	О	У	Ы	И	Л	Ю	Е	Ы	К	Ы
Г	Х	Ю	О	В	Л	М	С	Ф	С	Ц	Ч	Л	Б	А
А	Ч	Ч	Щ	А	Ь	Б	Е	Т	Т	Г	С	Г	У	К
Ю	Н	К	У	Щ	Р	А	Б	Ы	Р	С	А	Ш	Г	Д
Р	У	М	С	Л	О	Р	К	О	С	И	П	Н	И	О
С	О	В	Ю	У	Г	К	Н	У	О	С	Ц	Ш	Щ	Л
И	Ч	Д	Е	К	У	В	Д	П	Л	О	Д	А	Щ	Щ
В	О	Д	О	Р	О	С	Л	И	Ь	А	Б	У	Ф	Х
Н	Ш	Ы	Б	Т	Ж	Ш	Ь	Д	Ж	Ъ	Г	Т	А	Б

ВОДОРОСЛИ
УГОРЬ
РИФ
ТУНЕЦ
КИТ
ЛОДКА
КРЕВЕТКА
КРАБ
КОРАЛЛ
ДЕЛЬФИН
ГУБКА
ПРИЛИВЫ
МЕДУЗА
УСТРИЦА
РЫБА
ОСЬМИНОГ
СОЛЬ
АКУЛА
БУРЯ
ЧЕРЕПАХА

76 - Ciudad

Р	Т	М	О	П	Е	К	А	Р	Н	Я	В	Г	Я	Р
З	Е	О	Х	Т	Р	О	П	О	Р	Э	А	А	О	Щ
О	Ъ	С	Ш	Ъ	Е	Б	Г	О	Ш	М	К	Л	Ь	Т
О	Ы	М	Т	Г	А	Л	О	К	Ш	П	Е	Е	Е	Ъ
П	Ц	И	Ж	О	Г	Г	Ь	Н	Н	И	Т	Р	Н	Т
А	Ъ	А	С	Т	Р	П	Ъ	А	У	Ц	П	Е	Р	М
Р	Ф	Ш	Д	Ь	Ц	А	О	Б	В	К	А	Я	П	А
К	Ю	У	А	А	К	И	Н	И	Л	К	М	Б	Т	Г
У	Н	И	В	Е	Р	С	И	Т	Е	Т	Щ	М	Е	А
Ы	Я	О	Р	Ы	Н	О	К	Щ	Ж	Щ	Ж	У	А	З
А	Х	Б	И	Б	Л	И	О	Т	Е	К	А	З	Т	И
О	Х	Р	Г	Д	Ф	Л	О	Р	И	С	Т	Е	Р	Н
Х	Т	Е	К	Р	А	М	Р	Е	П	У	С	Й	И	О
Ж	Т	Ч	Ж	Щ	Ц	Т	К	Ъ	П	Ф	Л	Т	Е	С
Ш	У	Х	К	Р	В	Д	С	И	Л	Х	Х	Д	Я	И

АЭРОПОРТ
БАНК
БИБЛИОТЕКА
КИНО
КЛИНИКА
ШКОЛА
СТАДИОН
АПТЕКА
ФЛОРИСТ
ГАЛЕРЕЯ
ОТЕЛЬ
РЫНОК
МУЗЕЙ
ПЕКАРНЯ
РЕСТОРАН
СУПЕРМАРКЕТ
ТЕАТР
МАГАЗИН
УНИВЕРСИТЕТ
ЗООПАРК

77 - Agronomía

Н	Ф	В	Р	Щ	М	Я	С	Д	Ю	Е	В	К	Ы	И
А	Х	Щ	Н	Ц	Е	И	Н	Е	Р	Б	О	Д	У	С
У	Ь	Т	А	Ч	У	З	И	В	М	К	Е	Ю	Х	С
К	М	С	П	Е	Ш	О	О	О	Х	Е	В	Ы	Х	Л
А	Я	О	Я	А	П	Р	П	Д	Ц	Ц	Н	Я	П	Е
Б	И	Р	И	Д	И	Э	Щ	А	И	Ы	Я	А	Э	Д
И	О	Л	Г	Ч	С	Е	Л	Ь	С	К	И	Й	К	О
Р	П	Л	Р	С	И	С	Т	Е	М	Ы	Н	Г	О	В
Е	И	Н	Е	Н	З	Я	Р	Г	А	З	Е	Л	Л	А
В	Я	Н	Н	З	Е	Д	П	Я	Х	Ъ	Т	С	О	Н
Ь	В	И	Э	Т	Н	Д	Щ	Ь	Щ	Ь	С	Н	Г	И
О	В	О	Щ	И	М	И	А	Л	Л	Ю	А	Е	И	Е
А	О	В	Т	С	Д	О	В	З	И	О	Р	П	Я	Ф
Щ	И	Д	Е	Н	Т	И	Ф	И	К	А	Ц	И	Я	Х
О	Р	Г	А	Н	И	Ч	Е	С	К	И	Й	Б	Ц	П

ВОДА
НАУКА
ЕДА
ЗАГРЯЗНЕНИЕ
РОСТ
ЭКОЛОГИЯ
ЭНЕРГИЯ
БОЛЕЗНИ
ЭРОЗИЯ
ИЗУЧАТЬ
УДОБРЕНИЕ
ИДЕНТИФИКАЦИЯ
ИССЛЕДОВАНИЕ
ОРГАНИЧЕСКИЙ
РАСТЕНИЯ
ПРОИЗВОДСТВО
СЕЛЬСКИЙ
СЕМЕНА
СИСТЕМЫ
ОВОЩИ

78 - Actividades y Ocio

П	А	Ц	М	Б	Н	Х	Б	Ъ	Б	Ы	Щ	Р	И	Г
С	Л	Х	О	Б	Б	И	Е	С	А	Л	Ч	Ф	С	О
Е	Б	А	Р	Ц	Ч	Т	Й	Ш	С	Ц	В	Ч	К	Н
Р	Е	О	В	Ь	Г	Ц	С	Л	К	Д	Ц	М	У	О
Ф	К	А	К	А	К	Б	Б	Т	Е	Т	А	Ш	С	Ч
И	Е	Л	У	С	Н	Е	О	А	Т	Х	И	Т	С	Н
Н	М	Ю	С	Л	Я	И	Л	О	Б	Т	У	Ф	Т	Ы
Г	П	Х	Е	Ч	Ц	Н	Е	Щ	О	Щ	Л	Р	В	Й
Б	И	А	Ь	Ь	Б	Я	Ф	Ь	Л	О	Г	Ы	О	Ъ
Е	Н	Ц	М	З	И	Р	У	Т	Й	И	Ш	Е	П	Е
Щ	Г	А	У	У	Е	Ы	В	О	Л	Е	Й	Б	О	Л
Т	Е	Н	Н	И	С	Н	Ф	Ш	П	Н	Ж	Н	У	Т
Р	А	С	С	Л	А	Б	Л	Я	Ю	Щ	И	Й	Ч	С
С	А	Д	О	В	О	Д	С	Т	В	О	А	М	Щ	В
Р	Ы	Б	Н	А	Я	Л	О	В	Л	Я	Ж	Р	П	А

ХОББИ
ИСКУССТВО
БАСКЕТБОЛ
БЕЙСБОЛ
БОКС
НЫРЯНИЕ
КЕМПИНГ
ГОНОЧНЫЙ
ФУТБОЛ
ГОЛЬФ
САДОВОДСТВО
ПЛАВАНИЕ
РЫБНАЯ ЛОВЛЯ
РАССЛАБЛЯЮЩИЙ
ПЕШИЙ ТУРИЗМ
СЕРФИНГ
ТЕННИС
ВОЛЕЙБОЛ

79 - Ingeniería

Р	Т	Е	М	А	И	Д	Б	С	У	Г	О	Л	Ю	Н
Ж	А	М	Щ	Р	Р	К	Д	Т	Р	Ы	Ч	А	Г	И
И	М	С	Ч	Ы	Ь	В	И	А	Н	И	Ш	А	М	С
Д	М	Ш	Ч	С	И	Л	А	Б	Ь	Р	Ф	Р	Г	Т
К	А	Я	Н	Е	Ь	Ы	К	И	К	Я	Ю	У	Л	Р
О	Р	Ь	Ш	Е	Т	Щ	Г	Л	Е	И	Р	Т	У	О
С	Г	И	Н	У	Ъ	В	Я	Ь	Ц	Г	О	К	Б	И
Т	А	П	З	Л	Р	Е	И	Н	Е	Р	Т	У	И	Т
Ь	И	Ш	П	М	В	Ч	Г	О	Щ	Е	О	Р	Н	Е
Ы	Д	Ц	Ж	И	Е	Ь	Г	С	К	Н	М	Т	А	Л
У	Т	Е	Ы	Ю	Г	Р	У	Т	Ж	Э	Г	С	М	Ь
Р	Ф	М	Г	Ш	Х	Ы	Е	Ь	Л	Е	З	И	Д	С
Д	В	И	Ж	Е	Н	И	Е	Н	Ы	Т	В	О	Ц	Т
А	Ж	Ю	И	Ф	Щ	Ы	Л	О	И	Р	О	С	Ц	В
Ю	Ъ	Ф	Б	А	В	Щ	П	Ш	О	Е	Д	Ь	Т	О

УГОЛ
РАСЧЕТ
СТРОИТЕЛЬСТВО
ДИАГРАММА
ДИАМЕТР
ДИЗЕЛЬ
ОСЬ
ЭНЕРГИЯ
СТАБИЛЬНОСТЬ
СТРУКТУРА
ТРЕНИЕ
СИЛА
ЖИДКОСТЬ
МАШИНА
ИЗМЕРЕНИЕ
МОТОР
ДВИЖЕНИЕ
РЫЧАГИ
ГЛУБИНА

80 - Comida #1

Е	К	Ю	С	Ь	А	Н	Я	Р	Г	Ю	О	Ц	О	Ц
У	Ь	Р	Д	И	Н	И	П	Р	А	Х	А	С	Ч	К
Б	А	Д	Ъ	В	С	Т	Ж	Т	Ш	Ж	Г	Ь	У	Б
Р	С	Т	Б	Ш	У	Е	Т	А	У	Е	С	Л	Л	Ю
А	О	С	Я	М	П	Ж	Н	Л	Р	Н	Р	Е	П	А
Р	Л	Л	И	М	О	Н	О	А	Г	Л	Е	Ч	С	М
Ш	Ь	Я	Ч	М	Е	Н	Ь	С	А	У	Т	Ц	О	О
Д	П	Б	Щ	Д	Ъ	Р	А	Ч	О	К	П	П	К	Р
Б	Т	И	Х	М	Р	Ю	Н	Е	Р	Ж	Щ	С	Л	К
Т	Н	Ш	Н	И	Л	Н	У	С	Т	Ф	Ю	С	К	О
Ь	Т	Ш	А	А	В	Ь	Ц	Н	Ч	Б	Ч	А	Д	В
Т	Л	С	С	К	Т	Ш	Е	О	К	О	Л	О	М	Ь
Б	А	З	И	Л	И	К	А	К	И	Н	Б	У	Л	К
Ц	Ж	Ч	А	Ш	С	К	О	Р	И	Ц	А	Р	П	С
А	О	Ц	У	Ф	Г	Ь	П	Н	Ш	Ч	Б	М	И	А

ЧЕСНОК
БАЗИЛИК
ТУНЕЦ
САХАР
КОРИЦА
МЯСО
ЯЧМЕНЬ
ЛУК
САЛАТ
ШПИНАТ
КЛУБНИКА
СОК
МОЛОКО
ЛИМОН
МЯТА
РЕПА
ГРУША
СОЛЬ
СУП
МОРКОВЬ

81 - Antigüedades

Э	А	А	Д	Е	К	О	Р	А	Т	И	В	Н	Ы	Й
Н	У	Н	У	С	К	У	Л	Ь	П	Т	У	Р	А	Н
Т	Т	Е	Ц	К	О	Щ	Ы	Е	Ш	Й	П	Я	Я	Н
У	Е	О	Е	В	Ц	Л	Н	Ш	А	Ы	В	Ф	И	Ю
З	Н	Б	Н	Ы	Ц	И	Ц	Е	Н	Н	О	С	Т	Ь
И	Т	Ы	А	Ь	Р	Я	О	Ю	М	Т	В	С	Е	Г
А	И	Ч	И	С	Ь	Ч	У	Н	Т	Н	Т	Т	Л	И
С	Ч	Н	Ь	Ь	О	Н	К	Т	Ж	А	С	А	И	С
Т	Н	Ы	Я	А	Ы	С	И	У	Т	Г	Е	Р	Т	К
Е	Ы	Й	Е	В	О	У	Т	У	П	Е	Ч	Ы	Я	У
Н	Й	Я	Р	А	Р	Ы	Ф	О	Я	Л	А	Й	С	С
Ж	Ы	Т	Е	Н	О	М	Л	М	Я	Э	К	Ц	Е	С
С	Т	И	Л	Ь	Л	Е	Б	Е	М	Н	В	Л	Д	Т
Ы	А	А	А	К	Т	Г	Ъ	Ъ	П	П	И	Е	Ф	В
М	К	Л	Г	Ж	Е	А	П	В	Б	Ш	Д	Е	К	О

ИСКУССТВО
АУТЕНТИЧНЫЙ
КАЧЕСТВО
СОСТОЯНИЕ
ДЕКОРАТИВНЫЙ
ДЕСЯТИЛЕТИЯ
ЭЛЕГАНТНЫЙ
ЭНТУЗИАСТ
СКУЛЬПТУРА
СТИЛЬ

ГАЛЕРЕЯ
НЕОБЫЧНЫЙ
МОНЕТЫ
МЕБЕЛЬ
ЦЕНА
ВЕК
АУКЦИОН
ЦЕННОСТЬ
СТАРЫЙ

82 - Literatura

Г	Ч	Т	Л	Я	И	Д	Е	Г	А	Р	Т	И	О	Ц
Б	И	О	Г	Р	А	Ф	И	Я	Г	Ф	И	Ц	П	К
Х	М	Д	Е	Т	Е	Р	Н	Б	К	Ж	Д	Н	И	И
Ж	О	К	Г	Щ	Ы	К	Е	И	С	Р	Ъ	А	С	Ч
С	Ы	Е	У	А	Е	И	Н	Е	Ч	Ю	Л	К	А	З
Ь	Р	Н	Е	Ш	А	О	М	Б	У	С	С	И	Н	А
Ы	Л	А	Р	О	Ф	А	Т	Е	М	Т	Т	Т	И	К
Р	О	Т	В	А	К	О	Н	Ь	Щ	И	И	Э	Е	С
Р	И	Т	М	Н	Н	Г	Ф	А	Н	Х	Л	О	Р	С
Ч	Г	Х	Т	Ц	Е	А	И	Ь	Л	П	Ь	П	И	А
Д	И	А	Л	О	Г	Н	Л	Ь	Ж	О	Н	Д	Ф	Р
Ц	Ю	М	Ы	Л	Ы	А	И	И	Ц	Ю	Г	Д	М	Ф
Л	Я	Е	Л	С	Ы	М	Б	Е	З	Ю	Н	И	А	У
В	Ф	Т	Ц	Я	В	О	Р	Ф	Ы	Щ	Х	Ф	Я	К
С	И	И	Ш	Е	Н	Р	У	Т	Ц	М	Ц	Ж	М	У

АНАЛОГИЯ
АНАЛИЗ
АНЕКДОТ
АВТОР
БИОГРАФИЯ
СРАВНЕНИЕ
ЗАКЛЮЧЕНИЕ
ОПИСАНИЕ
ДИАЛОГ
СТИЛЬ
МЕТАФОРА
РАССКАЗЧИК
РОМАН
МНЕНИЕ
СТИХ
ПОЭТИКА
РИФМА
РИТМ
ТЕМА
ТРАГЕДИЯ

83 - Química

Р	Е	А	К	Ц	И	Я	В	О	Д	О	Р	О	Д	Ъ
К	Н	Ц	Р	О	Л	Х	Ч	Ж	Щ	Ч	С	Т	Щ	Р
Ф	И	Ю	И	А	Р	У	Т	А	Р	Е	П	М	Е	Т
Ъ	Н	С	Ч	Н	Ж	Щ	Е	Л	О	Ч	Н	О	Й	Н
И	Г	Е	Л	К	А	Т	А	Л	И	З	А	Т	О	Р
О	В	Я	Р	О	Ф	Е	Р	М	Е	Н	Т	Г	М	П
Н	Р	У	Ь	Ы	Р	К	И	С	Л	О	Т	А	Ц	Я
Н	Л	Л	Ш	Б	Б	О	Ю	Г	И	Л	П	С	Н	Ж
Я	Д	Е	Р	Н	Ы	Й	Д	Ы	К	А	М	Б	С	И
Щ	Ы	В	В	С	Л	М	О	Л	Е	К	У	Л	А	Д
У	Г	Л	Е	Р	О	Д	В	Л	Д	И	Г	Ц	М	К
Р	Ю	М	Ъ	У	Ш	С	Е	А	Ф	А	Н	Ы	С	О
Ъ	Ы	С	О	Л	Ь	А	С	Т	Г	В	О	Н	Д	С
Ч	Л	Т	Ч	Б	Щ	И	Р	Е	Ф	А	Ъ	В	Н	Т
Э	Л	Е	К	Т	Р	О	Н	М	Ь	М	З	Т	Ч	Ь

ЩЕЛОЧНОЙ
КИСЛОТА
ЖАРА
УГЛЕРОД
КАТАЛИЗАТОР
ХЛОР
ЭЛЕКТРОН
ФЕРМЕНТ
ГАЗ
ВОДОРОД
ИОН
ЖИДКОСТЬ
МЕТАЛЛЫ
МОЛЕКУЛА
ЯДЕРНЫЙ
КИСЛОРОД
ВЕС
РЕАКЦИЯ
СОЛЬ
ТЕМПЕРАТУРА

84 - Gobierno

О	Ц	Н	Г	Г	К	Ы	Ж	В	А	И	Ь	С	П	Д
Б	Ж	С	Р	Д	К	Ц	У	П	К	М	А	Ф	П	Ю
С	Г	Л	А	Ы	Л	Ъ	Ю	А	И	О	В	Ъ	А	Х
У	П	Я	Ж	Щ	Г	Р	Ф	Р	Т	В	Л	Ф	Д	Х
Ж	Р	Л	Д	Я	И	Ц	У	Т	И	Т	С	Н	О	К
Д	А	И	А	Н	З	Б	Л	Г	Л	С	Ж	Я	Б	Х
Е	В	Д	Н	Ц	А	А	Ы	Ж	О	Р	Я	Я	О	О
Н	А	Е	С	А	У	Ц	К	Ф	П	А	А	Р	В	В
И	Ф	Р	К	И	Ь	Р	И	О	И	Д	О	Й	С	Т
Е	Х	У	И	Р	Е	Ч	Ь	Я	Н	У	Е	Е	О	С
Н	Я	Ф	Й	Ы	Н	Б	Е	Д	У	С	Е	Ч	Ф	Н
П	А	М	Я	Т	Н	И	К	Н	В	О	Я	У	Х	Е
О	В	Т	С	Н	А	Д	Ж	А	Р	Г	Д	М	А	В
Н	Е	З	А	В	И	С	И	М	О	С	Т	Ь	М	А
И	К	Ш	Ц	Д	Е	М	О	К	Р	А	Т	И	Я	Р

ГРАЖДАНСТВО
ГРАЖДАНСКИЙ
КОНСТИТУЦИЯ
ДЕМОКРАТИЯ
ПРАВА
РЕЧЬ
ОБСУЖДЕНИЕ
РАЙОН
ГОСУДАРСТВО
РАВЕНСТВО
НЕЗАВИСИМОСТЬ
СУДЕБНЫЙ
ЗАКОН
СВОБОДА
ЛИДЕР
ПАМЯТНИК
НАЦИЯ
ПОЛИТИКА

85 - Clima

Т	У	М	А	Н	Ю	Ю	М	К	У	А	Ш	Я	Ь	П
В	Щ	Ъ	К	Е	В	О	У	О	Л	Е	В	А	Х	О
Г	С	Д	Я	Р	У	Б	С	Б	Т	И	Б	Ч	Ц	Л
П	Г	К	З	И	Р	Б	С	Л	Р	Н	М	Д	Д	Я
У	Р	А	Г	А	Н	В	О	А	О	Е	Ю	А	П	Р
У	Ы	Х	Ш	Р	Р	Л	Н	К	П	Н	Д	Р	Т	Н
Р	Ф	У	В	Е	Ы	Я	О	О	И	Д	Г	У	Л	Ы
Ы	Е	С	С	Ф	Ъ	Ч	Б	М	Ч	О	Щ	Т	Б	Й
Т	Ц	А	П	С	У	Р	Е	Т	Е	В	Р	А	П	О
Д	О	З	М	О	М	Е	Н	М	С	А	Е	Р	Ь	Х
Ъ	Е	Р	Ц	М	Г	Р	О	М	К	Н	Ц	Е	Г	У
Щ	Ш	В	Н	Т	Ъ	Ю	Ж	В	И	Ю	Ь	П	У	С
Ъ	М	Л	М	А	Л	Я	Е	М	Й	Ъ	Ъ	М	Е	С
А	Б	Ь	Ж	К	Д	Е	Л	Р	Ч	Г	Т	Е	Д	Г
Ж	Д	Л	С	В	Б	О	Ы	Я	Ы	Н	С	Т	П	Д

АТМОСФЕРА
БРИЗ
НЕБО
КЛИМАТ
ЛЕД
УРАГАН
НАВОДНЕНИЕ
МУССОН
ТУМАН
ОБЛАКО
ПОЛЯРНЫЙ
МОЛНИЯ
СУХОЙ
ЗАСУХА
ТЕМПЕРАТУРА
БУРЯ
ТОРНАДО
ТРОПИЧЕСКИЙ
ГРОМ
ВЕТЕР

86 - Comida #2

Д	В	Ц	Б	Ф	К	Р	Я	С	Х	И	М	П	М	Ъ
Ч	Ю	Д	А	Л	О	К	О	Ш	У	П	И	О	У	У
А	Я	Е	К	В	Ш	С	П	Б	О	О	Н	Д	Ш	Ш
Х	Б	Е	Л	Х	И	В	И	К	Л	М	Д	С	И	Ы
Е	Я	Б	А	К	Т	Н	Ь	Н	А	И	А	О	Ъ	Ъ
К	Ж	П	Ж	Н	Р	Ж	О	Ч	Й	Д	Л	Л	Г	Л
Ю	У	Ч	А	Ы	А	П	Ц	Г	Е	О	Ь	Н	Щ	Р
Ц	Щ	Р	Н	Д	С	Ш	Й	Т	Р	Р	М	У	П	Ф
Я	Н	Ш	И	В	Л	Е	Я	Х	Е	А	Ю	Х	Ч	Ь
М	О	М	Р	Ц	Ш	Н	Р	О	Д	Т	Д	У	Р	С
В	Я	Р	Ы	С	А	И	Б	Ы	Ь	Р	И	Б	М	И
У	Ж	Р	И	Ж	Ч	Ц	А	Ц	Л	У	Г	Я	А	Т
Б	Д	Я	Ф	С	Я	А	Н	Т	Е	Г	Ж	Е	Г	К
Я	Б	Л	О	К	О	Б	А	А	С	О	Ь	Ж	М	Л
Я	Ш	Х	Е	В	М	Н	Н	А	Ы	Й	Ы	С	М	Ч

АРТИШОК
МИНДАЛЬ
СЕЛЬДЕРЕЙ
РИС
БАКЛАЖАН
ВИШНЯ
ШОКОЛАД
ПОДСОЛНУХ
ЯЙЦО
ИМБИРЬ

КИВИ
ЯБЛОКО
ХЛЕБ
БАНАН
КУРИЦА
СЫР
ПОМИДОР
ПШЕНИЦА
ВИНОГРАД
ЙОГУРТ

87 - Diplomacia

Ы	К	Я	З	Ы	К	И	Ш	Г	С	Я	Ж	Г	Ж	А
Ш	О	Е	И	Н	Е	Ш	Е	Р	О	И	Ц	О	Ю	С
Е	Н	А	Д	Ж	А	Р	Г	А	О	Ц	Е	Ь	Ы	Ф
Г	Ф	Ы	Л	Н	Ь	Н	С	Ж	Б	Ю	Л	Т	Ы	Б
У	Л	П	М	Ы	Ю	Щ	Ъ	Д	Щ	Л	О	С	О	П
М	И	В	Р	Х	Ъ	Д	К	А	Е	О	С	О	В	О
А	К	И	Т	И	Л	О	П	Н	С	З	Т	Н	Т	Б
Н	Т	В	Щ	Ш	Д	Г	К	С	Т	Е	Н	С	С	С
И	Э	Т	И	К	А	В	А	К	В	Р	О	А	Ь	У
Т	Д	О	Г	О	В	О	Р	И	О	Ц	С	П	Л	Ж
А	Р	Р	Ь	Ж	А	Б	Ъ	Й	Б	Л	Т	О	О	Д
Р	К	А	М	П	А	Н	И	И	Ф	Ь	Ь	З	С	Е
Н	И	Н	О	С	Т	Р	А	Н	Н	Ы	Й	Е	О	Н
Ы	С	О	В	Е	Т	Н	И	К	Т	Ф	Ш	Б	П	И
Й	П	Р	А	В	И	Т	Е	Л	Ь	С	Т	В	О	Е

СОВЕТНИК
КАМПАНИИ
ГРАЖДАНЕ
ГРАЖДАНСКИЙ
СООБЩЕСТВО
КОНФЛИКТ
ОБСУЖДЕНИЕ
ПОСОЛЬСТВО
ПОСОЛ
ИНОСТРАННЫЙ
ЭТИКА
ПРАВИТЕЛЬСТВО
ГУМАНИТАРНЫЙ
ЯЗЫКИ
ЦЕЛОСТНОСТЬ
ПОЛИТИКА
РЕЗОЛЮЦИЯ
БЕЗОПАСНОСТЬ
РЕШЕНИЕ
ДОГОВОР

88 - Herboristería

А	Д	Ц	П	О	Р	К	У	Р	О	Н	П	Ч	И	П
Я	Р	Н	К	Е	И	Н	Е	Т	С	А	Р	Л	Н	Е
А	Ж	О	Ф	Л	Т	Д	Л	Щ	Ы	Р	Ш	Щ	Г	К
К	В	Г	М	Ы	Щ	Р	Б	Ы	Ф	О	А	Ж	Р	У
Ь	Ц	А	Л	А	П	П	У	Т	А	Й	Ф	А	Е	Л
Ъ	Х	Р	Д	С	Т	Д	К	Ш	М	А	Р	В	Д	И
Д	Н	Т	Р	И	О	И	А	А	К	М	А	К	И	Н
Ю	И	С	М	Я	Т	А	Ч	П	Ч	А	Н	У	Е	А
Л	Р	Э	Т	Ь	К	Я	Л	Е	М	Е	Я	С	Н	Р
Б	А	З	И	Л	И	К	А	М	С	Ъ	С	Ы	Т	Н
Б	М	Х	Д	Е	Ы	О	В	Ч	У	К	Д	Т	Б	Ы
Я	З	С	В	Х	К	Т	А	Б	Д	П	И	Ю	В	Й
С	О	А	Ю	Н	Щ	Е	Н	Б	Я	А	М	Й	Т	О
Ю	Р	Д	П	Е	Е	В	Д	Ч	Е	С	Н	О	К	Г
Ф	С	Е	Д	Ф	Л	Ц	А	З	Е	Л	Е	Н	Ы	Й

ЧЕСНОК
БАЗИЛИК
АРОМАТИЧЕСКИЙ
ШАФРАН
КАЧЕСТВО
КУЛИНАРНЫЙ
УКРОП
ЭСТРАГОН
ЦВЕТОК
ФЕНХЕЛЬ
ИНГРЕДИЕНТ
САД
ЛАВАНДА
МАЙОРАН
МЯТА
ПЕТРУШКА
РАСТЕНИЕ
РОЗМАРИН
ВКУС
ЗЕЛЕНЫЙ

89 - Insectos

Б	О	Ж	Ь	Я	К	О	Р	О	В	К	А	Ъ	У	А
Ч	Д	Б	О	Г	О	М	О	Л	Ц	И	Т	Л	Я	Ю
Е	Ц	Л	Ы	Х	А	Ш	Ь	П	П	Г	М	К	О	Ч
Р	К	Р	Т	Д	Б	А	Б	О	Ч	К	А	Ж	У	К
В	Ч	Д	Е	У	Р	Ж	С	Ф	О	Т	П	У	А	О
Ь	М	Ю	Ь	Щ	В	С	Щ	Е	А	Ь	А	Ы	Ъ	И
П	М	П	С	В	Н	П	Д	Ш	П	Ф	Ф	Б	Ж	А
С	Ч	Б	Г	А	К	Н	И	Ч	И	Л	Е	Ъ	Б	Щ
Я	Т	Е	Ъ	С	Р	М	Ш	М	Ф	Ж	Е	Ж	Р	Ч
Т	О	Р	Л	О	Ю	А	К	У	З	Н	Е	Ч	И	К
Е	Ж	Ф	Е	А	А	Ь	Н	Е	Ш	Р	Е	Ш	А	Ф
Р	И	Ь	М	К	Х	Г	Ц	Ч	К	О	М	А	Р	Щ
М	Е	М	К	Ч	О	Х	С	Ц	А	Д	А	К	И	Ц
И	И	Ь	Ф	Б	Л	З	М	У	Р	А	В	Е	Й	Ч
Т	Г	Д	Ш	К	Б	Н	А	К	А	Р	А	Т	П	Ы

ПЧЕЛА
ОСА
ШЕРШЕНЬ
ТЛЯ
ЦИКАДА
ТАРАКАН
ЖУК
ЧЕРВЬ
МУРАВЕЙ
САРАНЧА
ЛИЧИНКА
СТРЕКОЗА
БОГОМОЛ
БАБОЧКА
БОЖЬЯ КОРОВКА
КОМАР
БЛОХА
КУЗНЕЧИК
ТЕРМИТ

90 - Especias

К	Г	Н	С	Р	Ы	Б	Ф	Г	И	С	С	Г	В	Т
Ж	А	И	Т	Т	Н	Б	Е	Ч	Н	М	Ч	Ф	А	К
Б	К	Р	Т	Ю	У	П	Н	А	Р	Ф	А	Ш	Н	В
Ь	И	Р	Д	Б	Ю	Я	Х	А	Ф	В	И	Т	И	Ц
А	Д	А	Х	А	Ы	Ь	Е	Н	И	М	Т	И	Л	Ч
У	З	К	Х	П	М	Л	Л	И	Ь	П	Н	Д	Ь	Ъ
Е	О	Ц	Р	К	Б	О	Ь	С	Ч	В	И	Ш	Ч	Е
У	В	А	Т	В	Ц	С	Н	Е	Й	Щ	И	Й	В	Я
П	Г	Ц	Е	М	Ч	У	И	У	Ы	И	Щ	И	Ц	Ф
Ш	Е	И	У	М	Е	К	С	О	Л	О	Д	К	А	И
Ь	В	Р	Ь	Ц	С	В	К	Р	С	Р	Д	Д	Ц	М
И	Л	О	Е	Ж	Н	Ю	А	К	И	Р	П	А	П	Б
Л	У	К	Р	Ц	О	Ш	Х	Я	К	Н	М	Л	Н	И
Щ	Р	Ю	Й	И	К	Ь	Р	О	Г	Ю	В	С	Л	Р
Ж	Ч	Ш	С	Ф	У	Ъ	А	Ч	Я	Ю	Я	Н	А	Ь

КИСЛЫЙ
ЧЕСНОК
ГОРЬКИЙ
АНИС
ШАФРАН
КОРИЦА
КАРДАМОН
ЛУК
ГВОЗДИКА
ТМИН
КАРРИ
СЛАДКИЙ
ФЕНХЕЛЬ
ИМБИРЬ
ПАПРИКА
ПЕРЕЦ
СОЛОДКА
ВКУС
СОЛЬ
ВАНИЛЬ

91 - Emociones

С	Б	Л	А	Г	О	Д	А	Р	Н	Ы	Й	Ь	Ь	П
Т	М	Щ	Н	У	Е	П	С	И	М	П	А	Т	И	Я
М	Л	У	П	Н	Я	У	Ж	П	У	Д	Т	С	С	Х
В	И	Ф	Щ	Р	А	Д	О	С	Т	Ь	О	О	Р	О
Ц	Ь	Р	Н	Е	Л	О	В	О	Д	К	Р	Н	С	Б
Ц	О	В	Т	С	Н	Е	Ж	А	Л	Б	Б	Ж	Ю	Л
П	Е	Ч	А	Л	Ь	Н	М	Х	Ф	Ж	О	Е	Р	Е
Е	Л	Ю	Б	О	В	Ь	Ы	С	Л	А	Д	Н	П	Г
С	Т	Р	А	Х	Н	Я	Л	Й	С	Ч	Т	А	Р	Ч
Р	А	С	С	Л	А	Б	Л	Е	Н	Н	Ы	Й	И	Е
С	Е	И	Н	А	Ж	Р	Е	Д	О	С	Ш	О	З	Н
С	П	О	К	О	Й	С	Т	В	И	Е	К	Б	С	И
Ы	Р	Ь	М	Б	Щ	Ы	И	Е	Ч	Б	Ж	У	Ю	Е
Б	Б	М	С	Р	М	М	Щ	Н	Ю	О	Ц	К	К	Ы
У	И	В	Ь	Р	Ф	С	Р	Г	Д	Ъ	Ж	Ц	Г	А

СКУКА
БЛАГОДАРНЫЙ
РАДОСТЬ
ОБЛЕГЧЕНИЕ
ЛЮБОВЬ
СМУЩЕННЫЙ
БЛАЖЕНСТВО
ДОБРОТА
СОДЕРЖАНИЕ
ГНЕВ
СТРАХ
МИР
РАССЛАБЛЕННЫЙ
ДОВОЛЕН
СИМПАТИЯ
СЮРПРИЗ
НЕЖНОСТЬ
СПОКОЙСТВИЕ
ПЕЧАЛЬ

92 - Universo

А	Н	Е	И	Н	Я	О	Т	С	Е	Ц	Н	Л	О	С
Т	С	Е	Й	И	К	С	Е	Ч	И	М	С	О	К	Х
О	С	Т	Б	Ч	Ф	Е	М	О	Н	О	Р	Т	С	А
Р	О	Г	Р	О	Ы	Щ	Н	В	Ф	О	Р	Э	Х	Р
И	Л	А	Т	О	Г	Л	О	Д	Ъ	Р	Р	К	В	Е
Ш	Н	Ш	Д	У	Н	Б	Т	Д	Н	Б	П	В	И	Ф
К	Е	А	Ц	Т	Х	О	А	П	П	И	О	А	Д	С
С	Ч	С	М	Е	Т	П	М	Н	Р	Т	Л	Т	И	О
Ч	Н	Т	Х	И	Щ	Ж	Р	И	У	А	У	О	М	М
Я	Ы	Е	Я	Ю	Р	Ю	Т	Ц	Я	Л	С	Р	Ы	Т
Ч	Й	Р	Г	О	Р	И	З	О	Н	Т	Ф	П	Й	А
Я	И	О	Т	Е	Л	Е	С	К	О	П	Е	Г	Ю	Ц
А	К	И	Т	К	А	Л	А	Г	О	У	Р	Ъ	С	Б
Я	И	Д	Н	Е	Б	Е	С	Н	Ы	Й	А	Б	Л	Н
Ч	Р	И	Д	Ч	Н	Т	Х	Н	Н	Р	Ю	С	Х	Б

АСТЕРОИД
АСТРОНОМИЯ
АСТРОНОМ
АТМОСФЕРА
НЕБЕСНЫЙ
НЕБО
КОСМИЧЕСКИЙ
ЭКВАТОР
ГАЛАКТИКА
ПОЛУСФЕРА
ГОРИЗОНТ
ШИРОТА
ДОЛГОТА
ЛУНА
ТЕМНОТА
ОРБИТА
СОЛНЕЧНЫЙ
СОЛНЦЕСТОЯНИЕ
ТЕЛЕСКОП
ВИДИМЫЙ

93 - Jazz

А	Ы	Ш	Б	Ъ	Е	О	Н	Н	А	Р	Б	З	И	С
Ь	Л	И	Т	С	Н	Х	Щ	О	К	И	Ю	М	Т	О
Б	К	Ь	Л	Ж	Я	У	А	В	Ы	Т	Т	Ф	В	С
А	О	Т	Б	А	Р	Д	Б	Ы	З	М	Р	К	К	Т
Р	Н	Е	Ы	О	Р	О	Д	Й	У	Ж	А	Н	Р	А
А	Ц	Х	Ф	Т	М	Ж	П	Ы	М	Р	М	Ы	Ъ	В
Б	Е	Н	П	Я	Ю	Н	Я	Н	С	Е	П	Ю	В	Г
А	Р	И	М	Я	Й	И	Л	Т	Н	А	Л	А	Т	Ь
Н	Т	К	Я	Р	Ы	К	Ч	С	М	С	Л	П	Н	А
Ы	Ю	А	Н	Н	Р	Т	С	Е	К	Р	О	М	Х	К
С	Т	Я	И	Ц	А	З	И	В	О	Р	П	М	И	Ц
Т	Щ	П	Ф	Р	Т	Ж	У	З	Р	Ж	Ш	И	Н	Е
Щ	Д	Д	Л	Ц	С	М	Т	И	Н	Я	Б	В	Р	Н
Ъ	Д	К	И	К	О	М	П	О	З	И	Т	О	Р	Т
П	У	Д	С	Б	Ж	Ц	А	Ъ	Н	Б	П	К	Д	Е

ХУДОЖНИК
АЛЬБОМ
ПЕСНЯ
СОСТАВ
КОМПОЗИТОР
КОНЦЕРТ
СТИЛЬ
АКЦЕНТ
ИЗВЕСТНЫЙ
ИЗБРАННОЕ
ЖАНР
ИМПРОВИЗАЦИЯ
МУЗЫКА
НОВЫЙ
ОРКЕСТР
РИТМ
ТАЛАНТ
БАРАБАНЫ
ТЕХНИКА
СТАРЫЙ

94 - Mediciones

С	Д	Л	И	Н	А	К	О	Х	Н	У	Н	Ц	И	Я
П	А	С	С	А	М	У	И	У	Р	А	П	О	Ф	О
Ж	Н	Н	А	О	Ф	Л	О	Л	Ч	Ф	У	М	Ц	Ь
П	И	С	Т	Л	Л	И	И	Ц	О	Е	У	Ь	И	А
Р	Р	Ъ	Ф	И	Ю	Т	Й	А	Б	Г	Д	Ю	Й	М
Ш	И	Л	Ч	У	М	Р	Ш	Ш	Я	У	Р	Х	Ц	Ш
М	Ш	В	Е	С	И	Е	Т	Т	Х	Ъ	В	А	Ц	Ж
О	Б	Ъ	Е	М	Т	Ы	Т	Ц	Я	Щ	К	Н	М	Р
В	Ж	К	Т	Щ	О	Ъ	М	Р	Ь	В	Ч	И	Б	М
Ч	А	К	О	Ц	М	Ы	У	Ь	Ы	Ы	Е	Б	Б	А
Ч	И	Ь	Н	Е	П	Е	Т	С	Д	Ж	Я	У	Г	Ы
М	Х	Ж	Н	К	И	Л	О	М	Е	Т	Р	Л	Р	М
Ь	Е	И	А	Т	У	Н	И	М	Ю	Г	Ы	Г	А	И
П	Я	Т	Д	Е	С	Я	Т	И	Ч	Н	Ы	Й	М	Щ
И	Ю	М	Р	В	Ы	С	О	Т	А	Ж	Я	А	М	Ц

ВЫСОТА
ШИРИНА
БАЙТ
САНТИМЕТР
ДЕСЯТИЧНЫЙ
СТЕПЕНЬ
ГРАММ
КИЛОГРАММ
КИЛОМЕТР
ЛИТР
ДЛИНА
МАССА
МЕТР
МИНУТА
УНЦИЯ
ВЕС
ГЛУБИНА
ДЮЙМ
ТОННА
ОБЪЕМ

95 - Barcos

Э	Р	Ь	Ъ	Ш	Ю	Ц	Ч	Е	Т	Д	А	М	П	П
О	К	Ц	Н	И	И	Б	А	Д	Ю	Т	О	В	А	Р
Г	А	И	Б	У	Й	Б	О	У	Ю	Р	Ь	Х	Р	И
В	М	Ж	П	М	Ш	Ъ	Г	Ч	Т	Ь	Г	О	О	Л
О	А	Т	Н	А	Щ	Ш	Е	М	О	Р	Я	К	М	И
Л	Ч	У	Ч	К	Ж	У	Ф	Ы	Л	О	Ж	Ф	Д	В
Н	Т	П	С	Е	Э	И	Щ	С	П	К	Я	Н	В	И
Ы	А	Ю	Ы	Р	С	О	Н	А	С	Я	Х	Ц	И	Г
Н	А	Г	О	К	Е	А	Н	Ъ	У	Е	Т	Х	Г	М
Ж	Ч	К	Р	Щ	Р	К	И	А	Х	Х	А	А	А	О
Ю	С	У	Е	М	О	В	П	А	К	Щ	Х	В	Т	Р
Н	Г	Р	З	Б	М	Е	Ж	Д	Г	А	П	Г	Е	С
С	В	О	О	П	Б	Р	Е	Х	Ы	А	Я	Р	Л	К
Б	К	Х	В	Л	Я	Е	П	Щ	У	Щ	Л	К	Ь	О
Щ	О	Ш	Х	У	С	В	А	Т	Д	Ч	Ф	Ц	Щ	Й

ЯКОРЬ
ПЛОТ
БУЙ
КАНОЭ
ВЕРЕВКА
ПАРОМ
КАЯК
ОЗЕРО
МОРЕ
ПРИЛИВ
МОРЯК
МАЧТА
ДВИГАТЕЛЬ
МОРСКОЙ
ОКЕАН
ВОЛНЫ
РЕКА
ЭКИПАЖ
ЯХТА

96 - Antártida

П	Я	М	А	Щ	И	Ь	У	Т	Ы	Ц	И	Т	П	С
Я	И	Ц	И	Д	Е	П	С	К	Э	О	С	Т	А	О
У	Ц	Н	К	Н	Ф	Ч	А	Ш	Т	С	С	Е	Ч	Х
Г	А	М	Г	Х	Е	М	Н	Е	Б	Т	Л	М	Л	Р
А	Р	И	Щ	В	З	Р	Ф	Ж	О	Р	Е	П	Е	А
Х	Г	Ш	Я	И	И	А	А	М	Ф	О	Д	Е	Д	Н
К	И	П	Й	О	Б	Н	Л	Л	М	В	О	Р	Н	Е
Я	М	С	Ы	Г	У	Ь	Ы	И	Ы	Л	В	А	И	Н
Т	Н	Е	Н	И	Т	Н	О	К	В	У	А	Т	К	И
Щ	Ч	И	Ч	В	Я	Н	Ъ	Ф	Ч	Ч	Т	У	И	Е
П	О	Л	У	О	С	Т	Р	О	В	В	Е	Р	Ч	Г
Ъ	О	Ч	А	К	А	Л	Б	О	С	О	Л	А	Л	Н
Щ	Б	У	Н	И	Л	Ч	Ж	А	Ь	Д	Ь	Ш	Е	И
О	Ю	Ы	Ч	Й	Ы	Т	С	И	Л	А	К	С	Д	К
Ш	Д	Ъ	П	Ы	Г	Е	О	Г	Р	А	Ф	И	Я	Ш

ВОДА
ЗАЛИВ
НАУЧНЫЙ
СОХРАНЕНИЕ
КОНТИНЕНТ
ЭКСПЕДИЦИЯ
ГЕОГРАФИЯ
ЛЕДНИКИ
ЛЕД
ИССЛЕДОВАТЕЛЬ
ОСТРОВА
МИГРАЦИЯ
МИНЕРАЛЫ
ОБЛАКА
ПТИЦЫ
ПОЛУОСТРОВ
ПИНГВИНЫ
СКАЛИСТЫЙ
ТЕМПЕРАТУРА

97 - Mamíferos

Н	Б	Ь	Ы	Я	Б	И	Л	Ъ	В	И	А	К	Ы	Б
В	О	Л	К	К	Ы	И	Д	Л	Е	Ъ	Х	О	О	О
Ф	Я	К	М	У	М	К	Е	С	Р	Т	П	Ш	Ш	Н
Щ	Д	Р	Ч	Р	Ф	А	Л	Я	Б	Д	Х	К	Г	В
Л	Г	Ъ	Ъ	У	Н	А	Ь	О	Л	Ш	М	А	Р	Ф
Ь	Ы	Р	Ч	Г	О	Ж	Ф	О	Ю	О	Х	А	Е	Г
У	А	А	Ж	Н	Г	У	И	В	Д	К	Л	И	С	А
Ц	Б	Ю	Л	Е	С	О	Н	Ц	У	Г	И	Х	Ь	Щ
С	О	Б	А	К	А	Ф	Р	А	П	П	Т	Т	Х	Ч
В	К	Ш	Я	Ж	И	Ю	М	И	С	Л	О	Н	Ъ	Ф
Л	О	Ш	А	Д	Ь	Л	Н	О	Л	З	Е	Б	Р	А
Х	Ъ	Щ	Б	К	О	Й	О	Т	В	Л	Ш	А	А	Р
О	Б	Е	З	Ь	Я	Н	А	Р	И	Х	А	Ш	Я	И
М	Е	Д	В	Е	Д	Ь	И	Х	К	М	П	И	Ы	Ж
Д	Ч	И	Л	Ъ	Б	М	Л	Е	П	В	Ч	М	Ц	П

КИТ
ОСЕЛ
ЛОШАДЬ
ВЕРБЛЮД
КЕНГУРУ
ЗЕБРА
КРОЛИК
КОЙОТ
ДЕЛЬФИН
СЛОН
КОШКА
ГОРИЛЛА
ЖИРАФ
ВОЛК
ОБЕЗЬЯНА
МЕДВЕДЬ
ОВЦА
СОБАКА
БЫК
ЛИСА

98 - Boxeo

Н	Щ	Ь	К	О	Д	О	Р	О	Б	Д	О	П	Ч	В
Г	Х	Я	Г	П	П	И	Н	А	Т	Ь	О	Ю	С	Е
Г	К	Ц	Ы	П	Ш	К	К	Н	И	М	Ь	Ы	И	Р
Б	С	Я	Ч	О	О	Ч	Г	Т	А	Х	Щ	Е	Л	Е
Ы	К	Щ	А	Н	Е	О	Л	Б	А	В	Ч	Ж	А	В
С	Е	И	Ц	Е	Б	Т	М	В	Ц	Ч	Ы	Н	Д	К
Т	Х	М	Я	Н	Л	Ю	Л	К	А	О	Р	К	Е	И
Р	Ь	Щ	Ь	Т	О	К	О	Л	Л	К	Ц	Е	О	Б
Ы	В	Ш	Д	Я	К	Р	Ш	У	Р	Х	Ф	С	П	В
Й	В	Ж	У	В	О	Ъ	Х	Ц	О	Ы	Р	В	Н	В
П	Е	Ч	С	Ъ	Л	К	У	Л	А	К	И	О	Д	Ъ
Ш	Ш	А	М	У	О	С	У	К	О	Ф	Г	Я	Б	Ю
Т	Р	А	В	М	К	Д	Г	Г	Ь	А	Ш	Н	М	В
Р	Г	А	Щ	К	Б	Б	Г	Е	О	Ш	А	Ж	У	Я
И	З	М	У	Ч	Е	Н	Н	Ы	Й	Л	Т	Е	Л	О

СУДЬЯ
ПОДБОРОДОК
КОЛОКОЛ
ФОКУС
ЛОКОТЬ
ВЕРЕВКИ
ТЕЛО
УГОЛ
ИЗМУЧЕННЫЙ
СИЛА
ПЕРЧАТКИ
НАВЫК
ТРАВМ
БОЕЦ
ОППОНЕНТ
ПИНАТЬ
ТОЧКИ
КУЛАК
БЫСТРЫЙ

99 - Abejas

В	Ц	А	В	Е	Л	О	Р	О	К	Л	И	Л	П	Ж
О	Ы	В	О	Л	М	Ш	С	А	К	Г	К	К	Ы	Ю
П	Ф	Г	Е	П	Ж	Я	С	Д	С	А	А	Ю	Л	Ф
Ы	В	Х	О	Т	Ь	А	Ж	Е	О	Т	М	Е	Ь	П
Л	Р	Л	М	Д	Е	Ъ	Г	У	В	Д	Е	Ц	Ц	Щ
И	Т	К	О	А	Н	Н	Б	В	К	Ы	Т	Н	А	Ж
Т	У	Т	К	С	Ы	Ы	И	Р	П	М	С	Л	И	Ф
Е	Л	У	Е	И	К	Н	Й	Е	П	Б	И	О	Е	Я
Л	Е	М	С	Г	Е	С	О	Г	Б	Щ	С	С	К	Г
Ь	Й	У	А	Ф	Ц	С	Р	Д	Ц	П	О	Ж	Р	У
Т	Х	Г	Н	М	К	С	С	Щ	Г	Е	К	Ы	Ф	Г
Ь	Л	А	Щ	Я	С	Ч	Ф	Ч	Ъ	У	Э	Т	Р	Ъ
М	Р	А	З	Н	О	О	Б	Р	А	З	И	Е	У	П
К	Р	Ы	Л	Ь	Я	Х	Ъ	Я	Ж	Л	Д	В	К	Р
М	Е	Д	Ш	Б	А	О	Ю	Я	У	Ъ	Ь	Ц	Т	В

КРЫЛЬЯ
ВЫГОДНЫЙ
ВОСК
УЛЕЙ
ЕДА
РАЗНООБРАЗИЕ
ЭКОСИСТЕМА
РОЙ
ЦВЕТЕНИЕ
ЦВЕТЫ
ФРУКТ
ДЫМ
НАСЕКОМОЕ
САД
МЕД
РАСТЕНИЯ
ПЫЛЬЦА
ОПЫЛИТЕЛЬ
КОРОЛЕВА
СОЛНЦЕ

100 - Psicología

Щ	Я	С	Ы	Ш	М	Т	Ы	П	О	Ь	Ы	А	А	Ц
П	А	Ъ	И	Ю	Ч	Щ	Ы	О	В	Т	С	Т	Е	Д
И	А	Х	Д	Ч	Ц	Г	Т	В	Г	Я	Ы	В	Ь	Ж
С	М	Е	Е	Р	М	Ъ	Ч	Е	Ы	Э	О	Б	С	Н
О	Е	И	И	М	Г	К	Ь	Д	Ш	Ы	П	Е	Ь	Ч
И	Л	Н	Ь	Й	И	К	С	Е	Ч	И	Н	И	Л	К
П	Б	А	С	Я	И	Н	А	Н	З	О	С	З	Е	Б
Т	О	Н	Х	А	Ч	Д	М	И	М	Ы	С	Л	И	Л
Е	Р	З	М	Ы	Ц	Л	Р	Е	Т	В	Ъ	М	Х	И
Р	П	О	Н	Т	К	И	Л	Ф	Н	О	К	Е	О	Ч
А	Щ	С	Л	А	Ы	Р	Я	Ч	Ш	О	Ц	Ч	Ц	Н
П	У	Д	К	Я	Н	Э	М	О	Ц	И	И	Т	Е	О
И	С	О	Ц	П	У	И	А	В	Ц	А	С	Ы	Н	С
Я	П	П	К	Ц	Я	Ф	Е	Н	Ю	Е	Т	В	К	Т
Р	Е	А	Л	Ь	Н	О	С	Т	Ь	Л	В	Г	А	Ь

КЛИНИЧЕСКИЙ
ПОЗНАНИЕ
ПОВЕДЕНИЕ
КОНФЛИКТ
ЭГО
ЭМОЦИИ
ОЦЕНКА
ОПЫТ
ИДЕИ
БЕЗ СОЗНАНИЯ
ДЕТСТВО
МЫСЛИ
ЛИЧНОСТЬ
ПРОБЛЕМА
РЕАЛЬНОСТЬ
СЕНСАЦИЯ
ПОДСОЗНАНИЕ
МЕЧТЫ
ТЕРАПИЯ

1 - Ajedrez

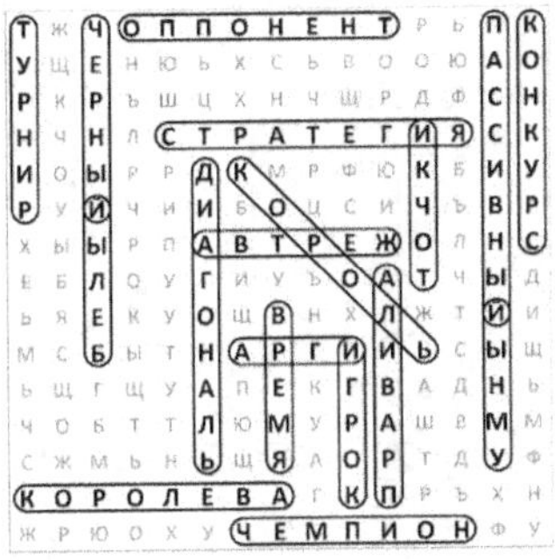

2 - Agua

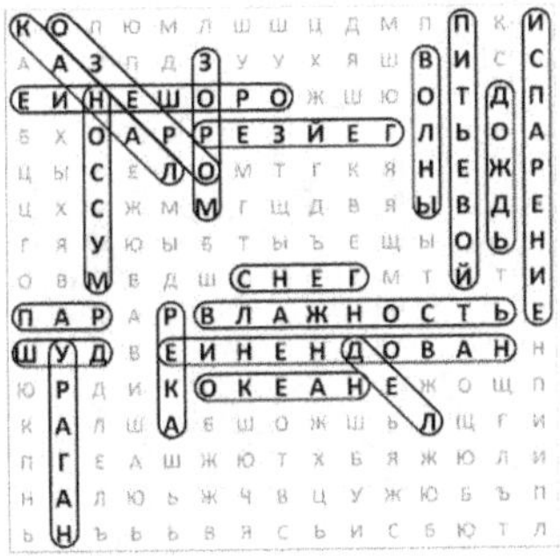

3 - Arqueología

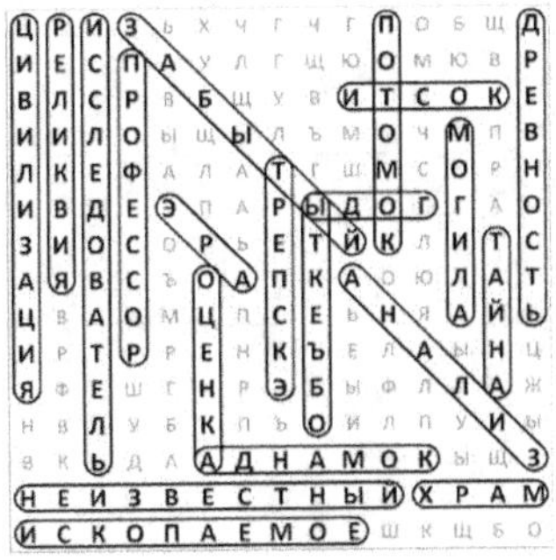

4 - Granja #2

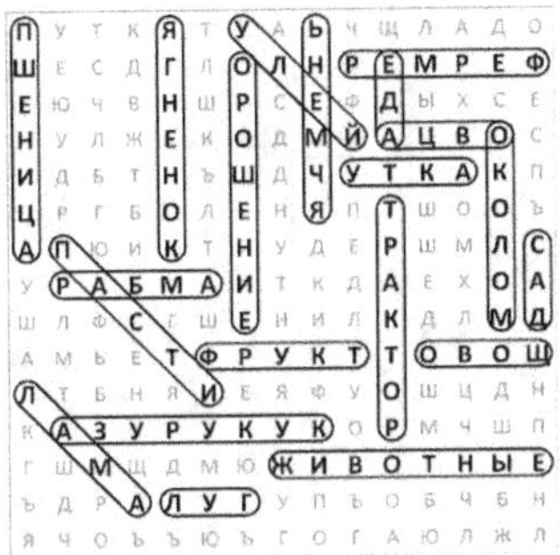

5 - Pesca

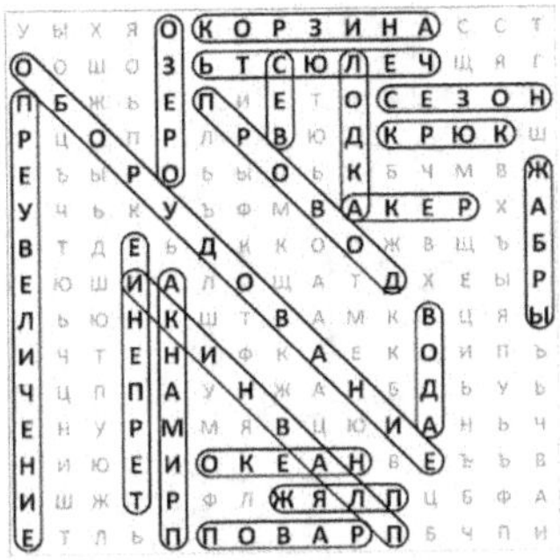

6 - Aviones

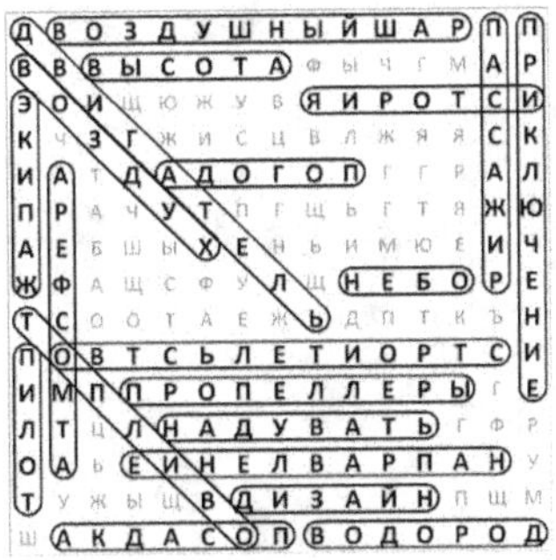

7 - Tipos de Cabello

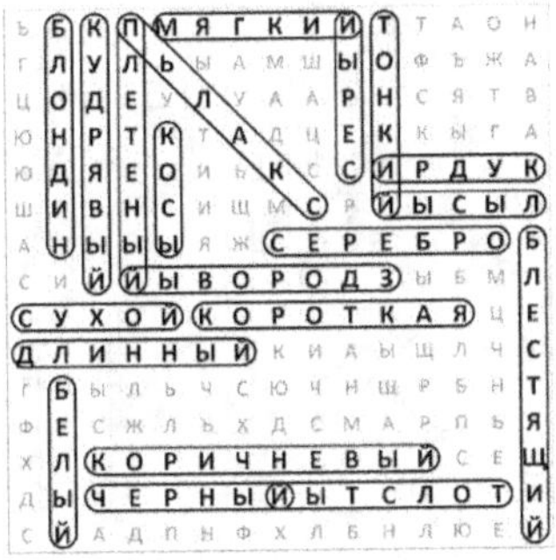

8 - Ciencia Ficción

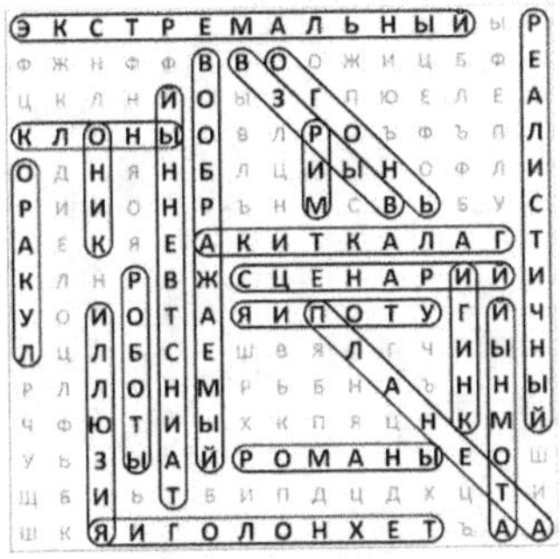

9 - Granja #1

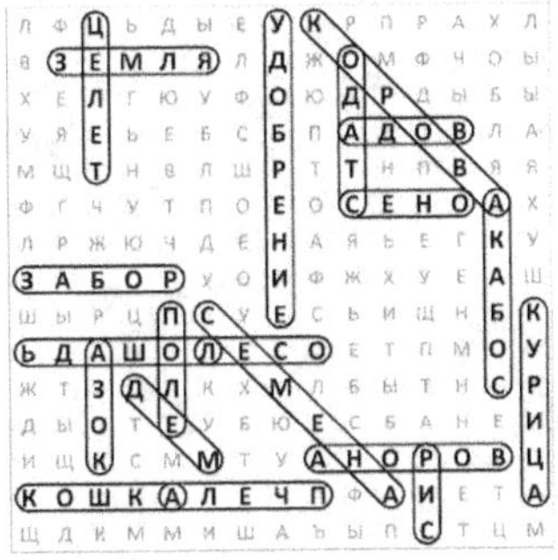

10 - Camping

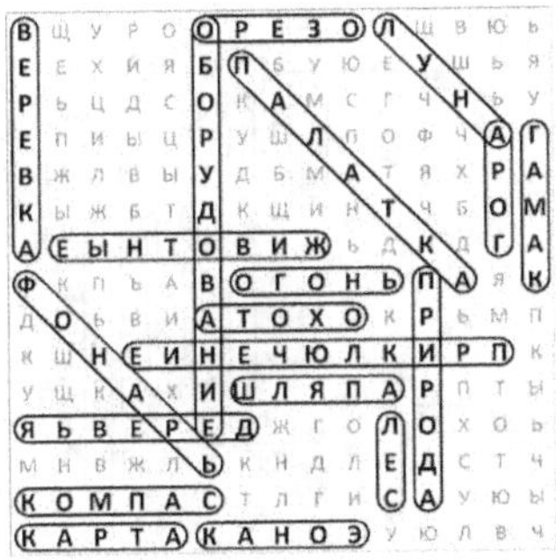

11 - Fruta

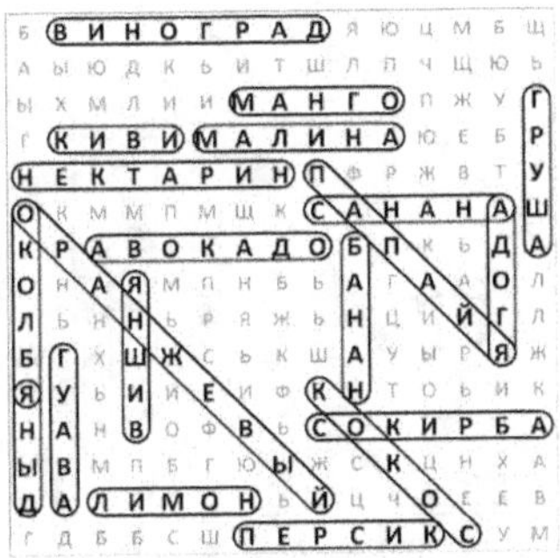

12 - Geología

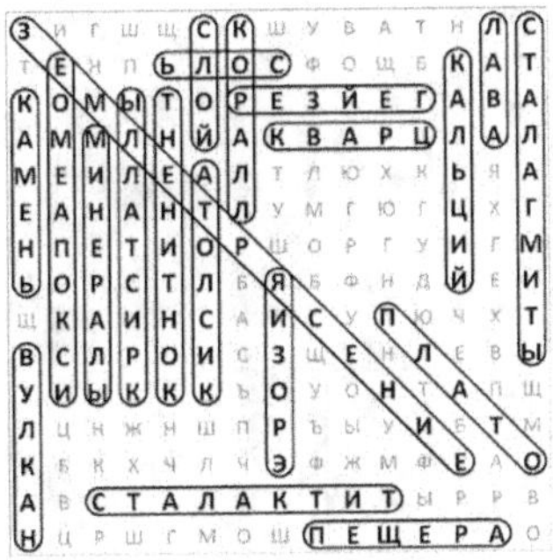

13 - Inmigración

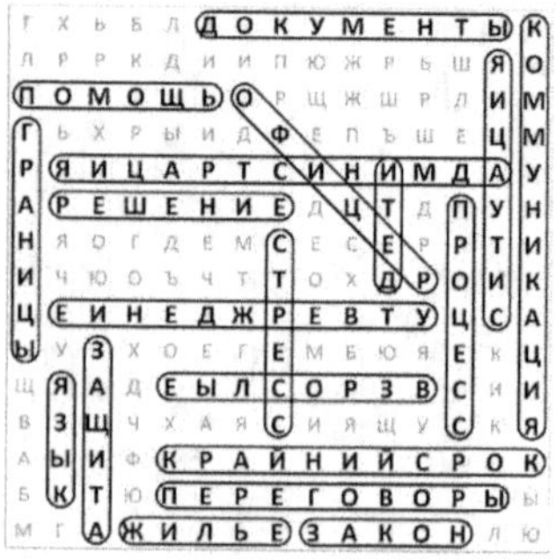

14 - Álgebra

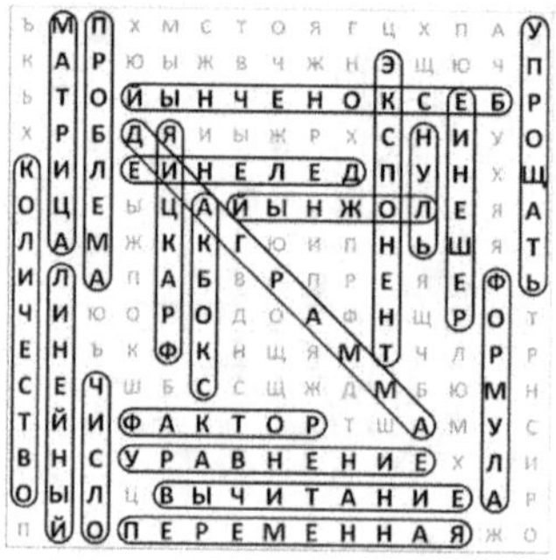

15 - Plantas

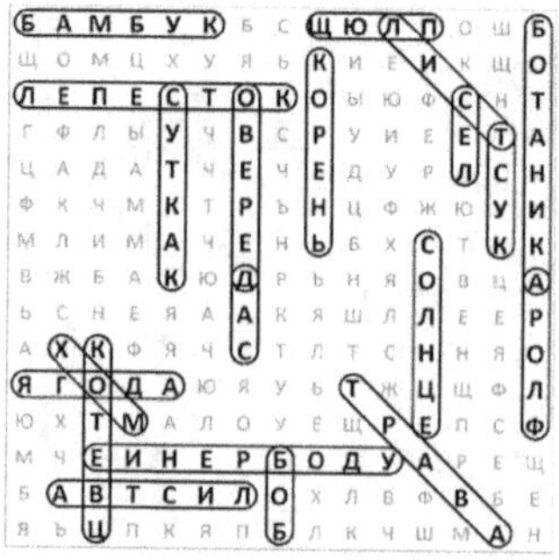

16 - Suministros de Arte

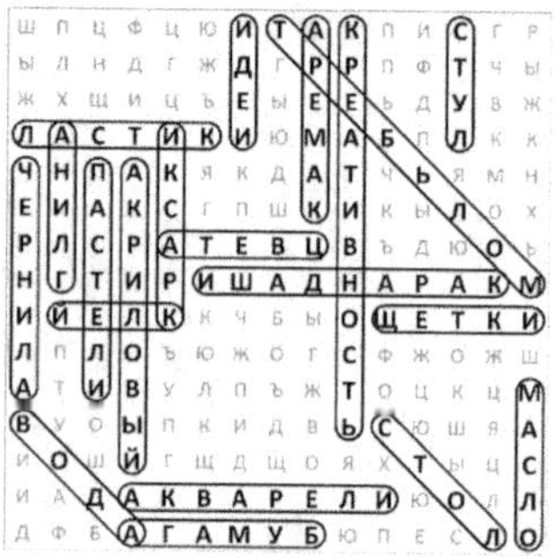

17 - Negocio

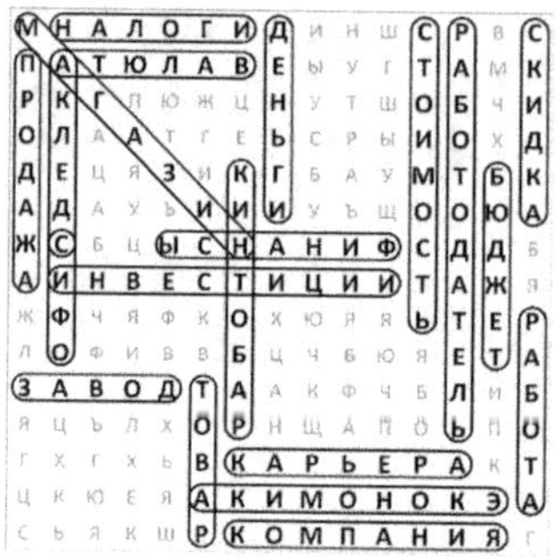

18 - Jardín

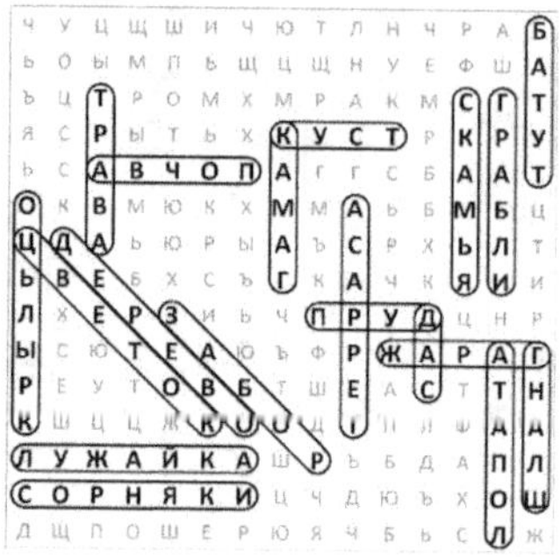

19 - Países #2

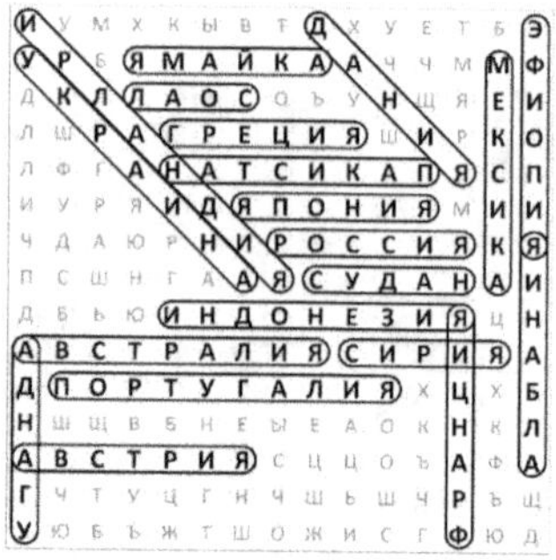

20 - Números

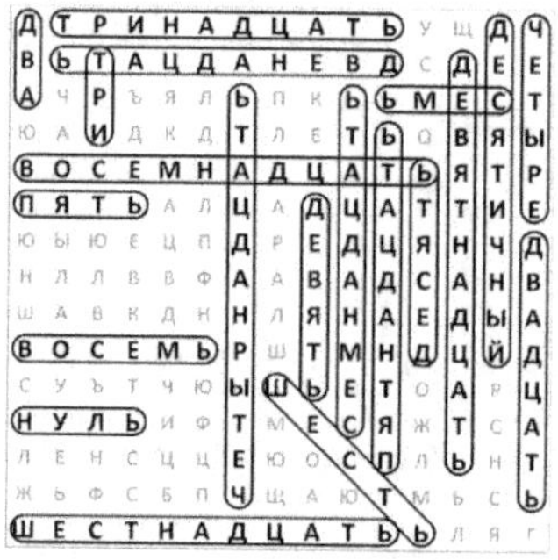

21 - Física

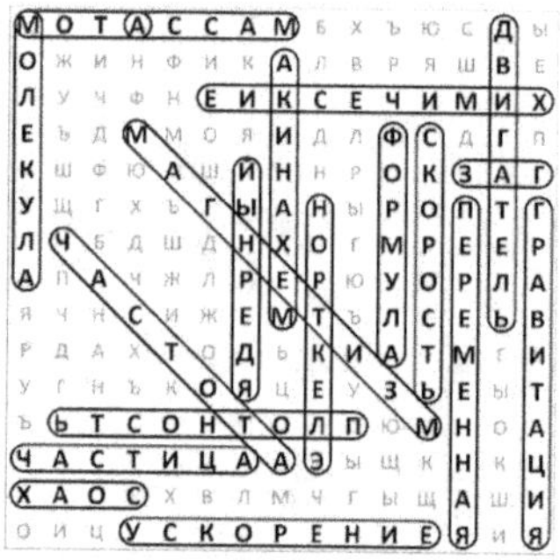

22 - Belleza

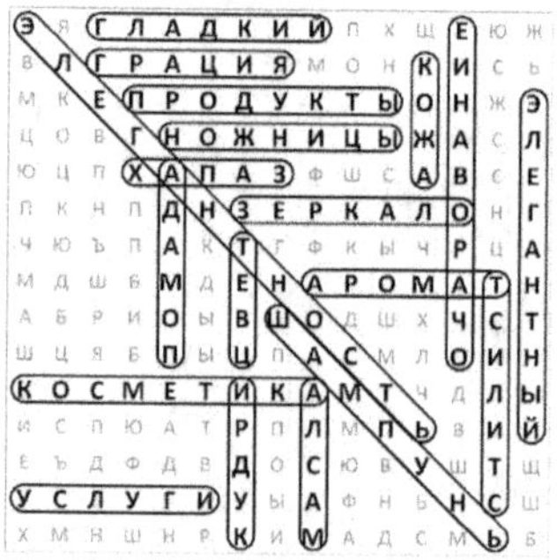

23 - Países #1

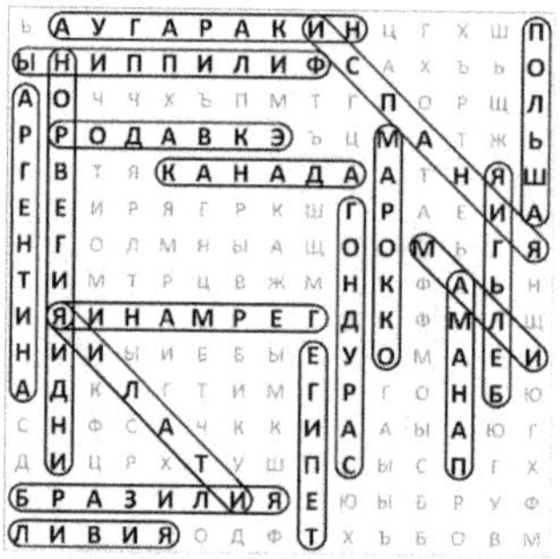

24 - Mitología

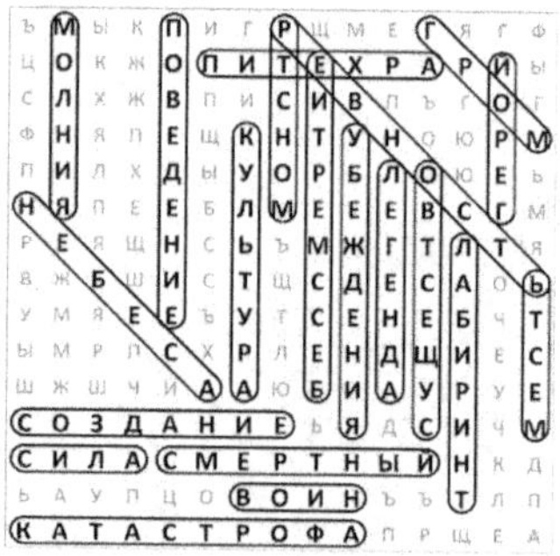

25 - Casa

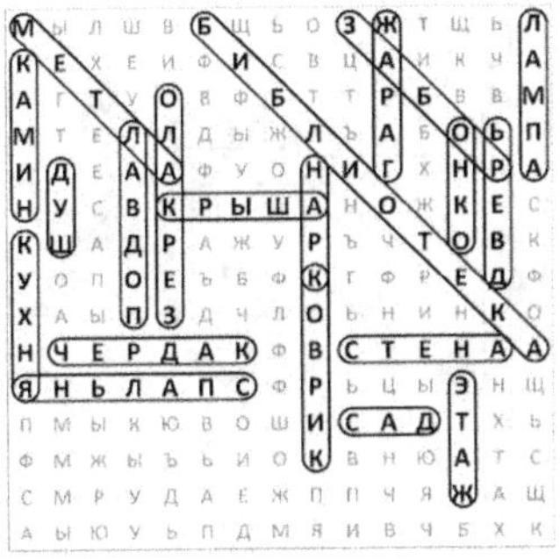

26 - Artes Visuales

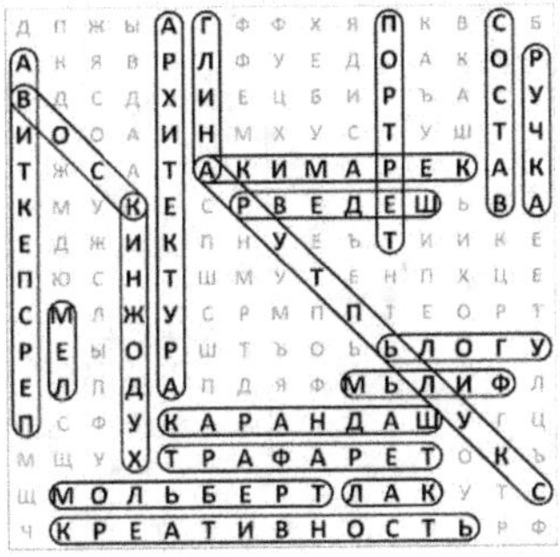

27 - Salud y Bienestar #2

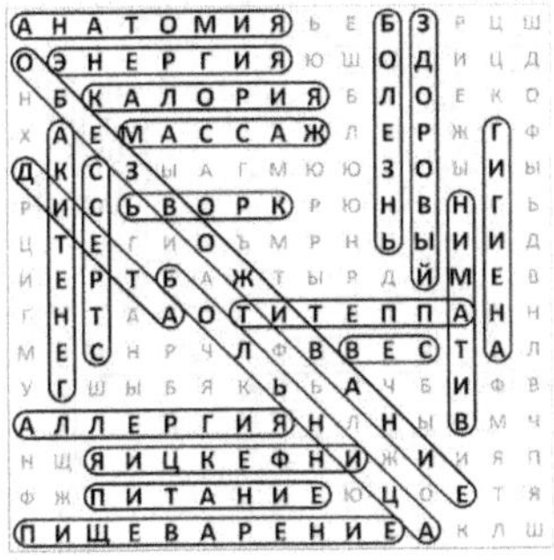

28 - Adjetivos #1

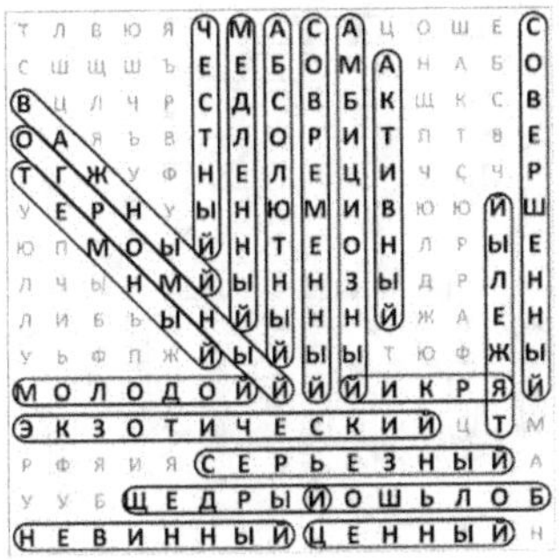

29 - Familia

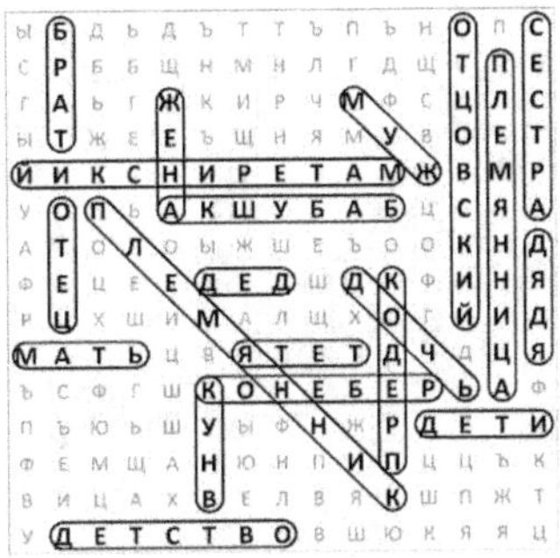

30 - Disciplinas Científicas

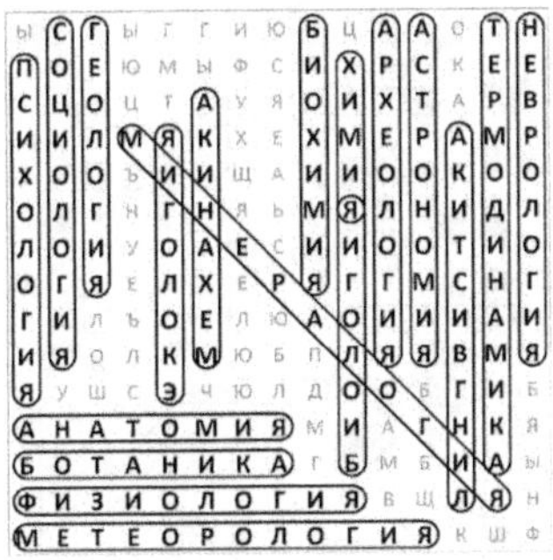

31 - Cocina

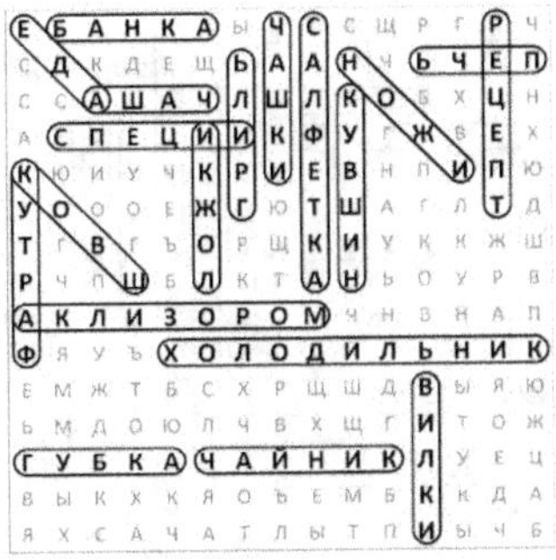

32 - Moda

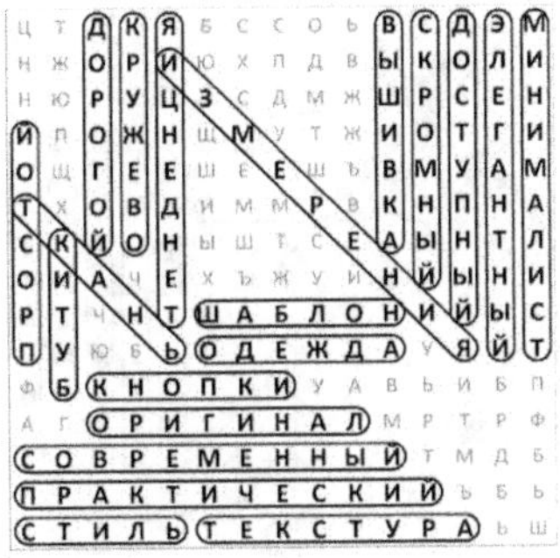

33 - Electricidad

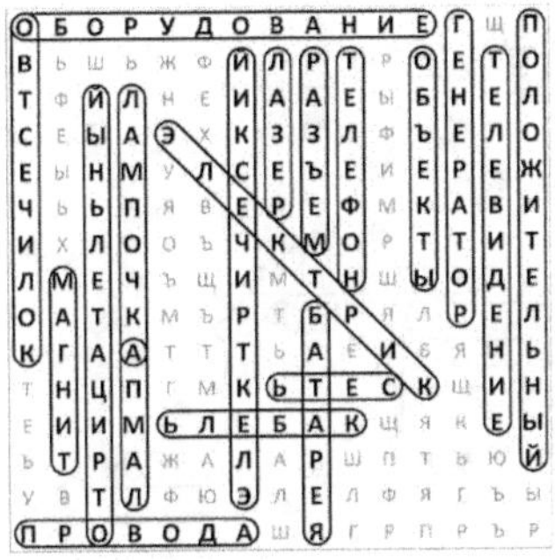

34 - Salud y Bienestar #1

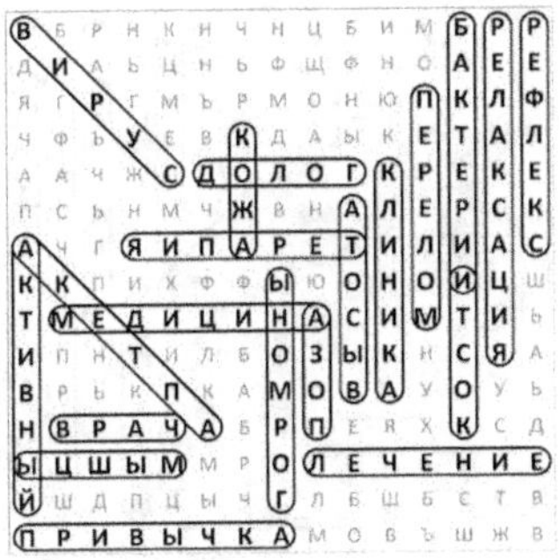

35 - Adjetivos #2

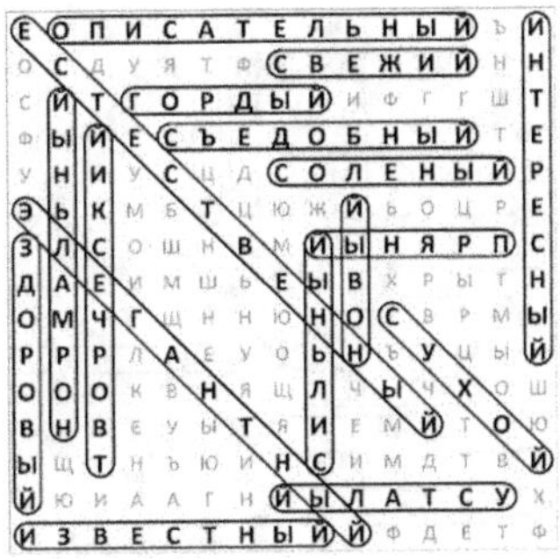

36 - Cuerpo Humano

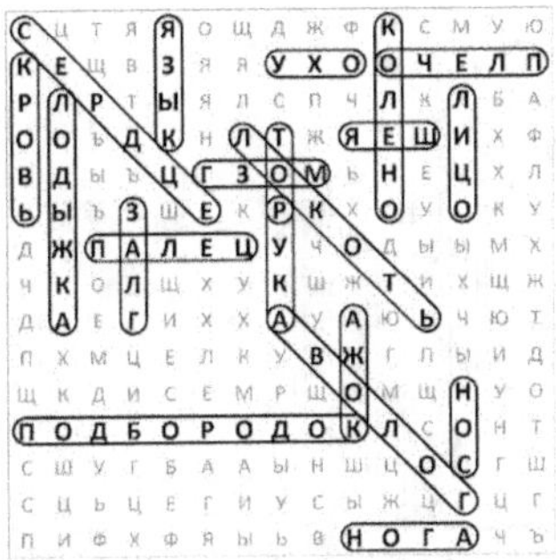

37 - Calentamiento Gl

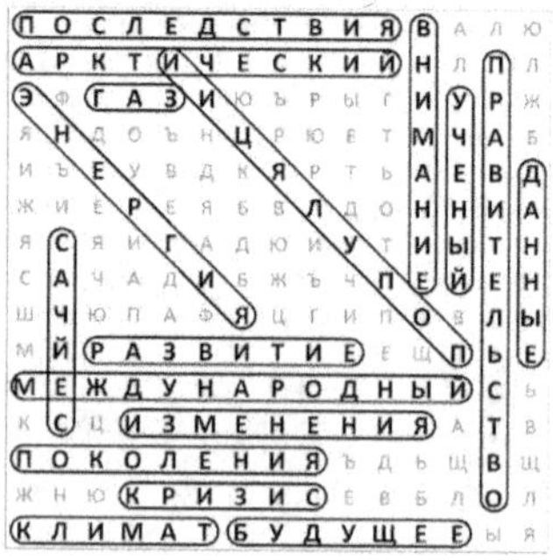

38 - Ciencia

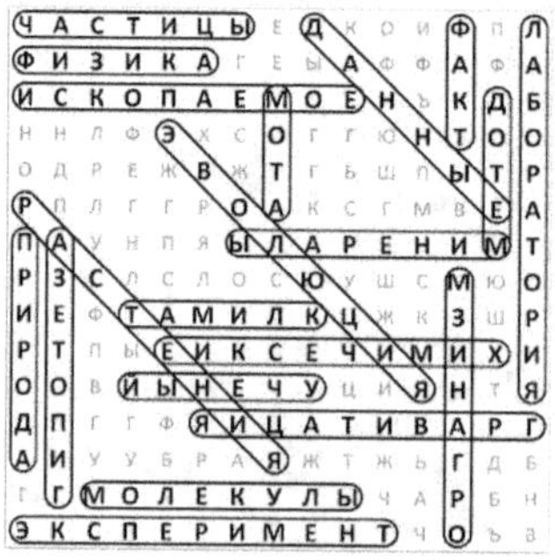

39 - Restaurante #2

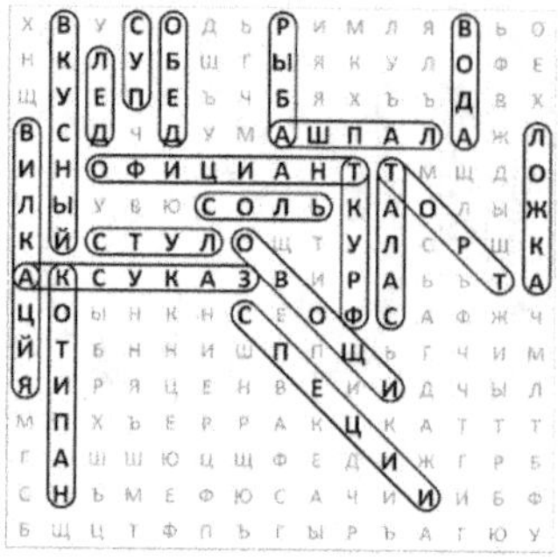

40 - Profesiones #1

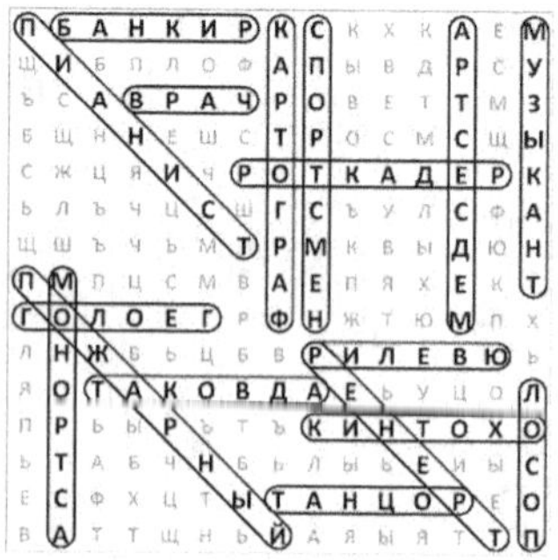

41 - Vehículos

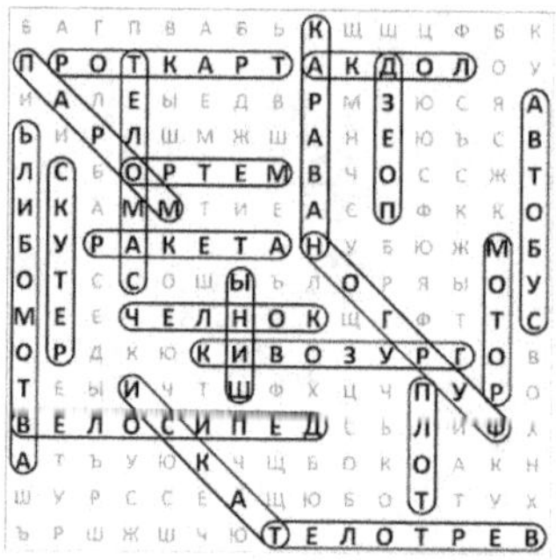

42 - Geometría

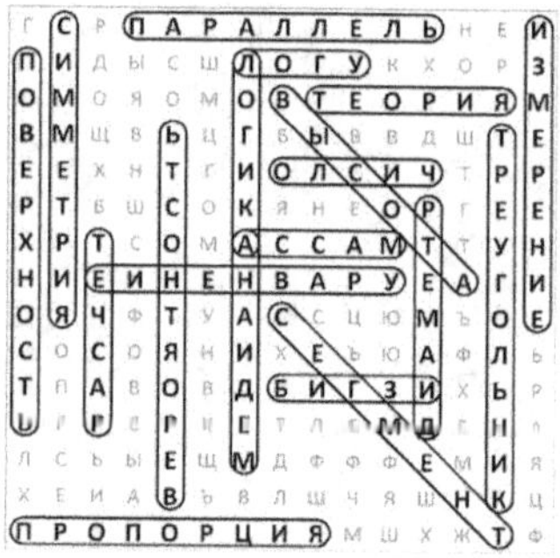

43 - Vacaciones #2

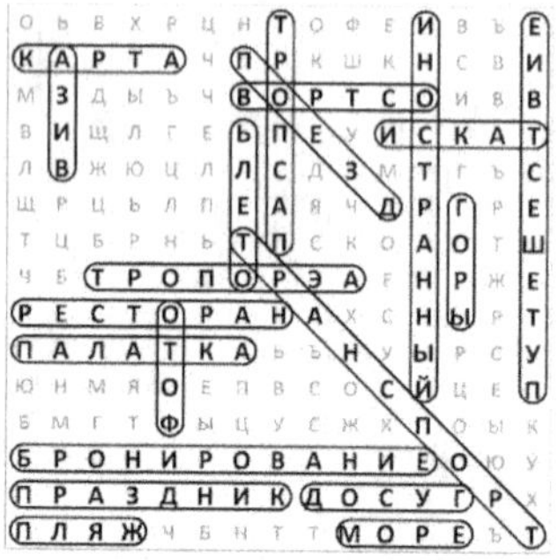

44 - Baile

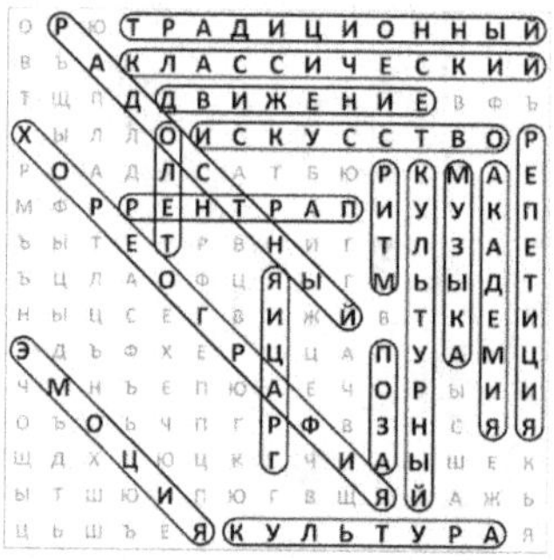

45 - Matemáticas

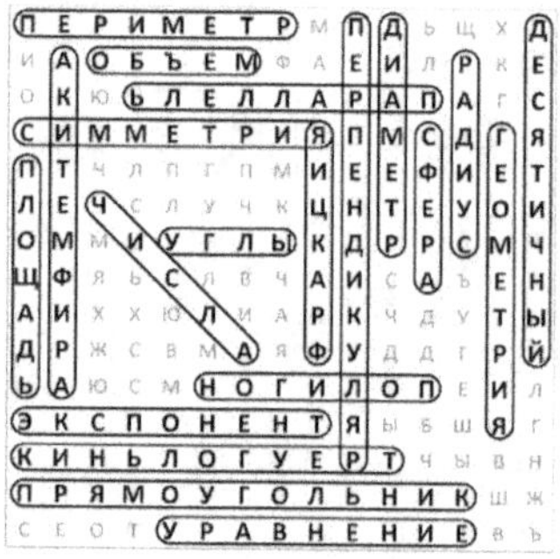

46 - Profesiones #2

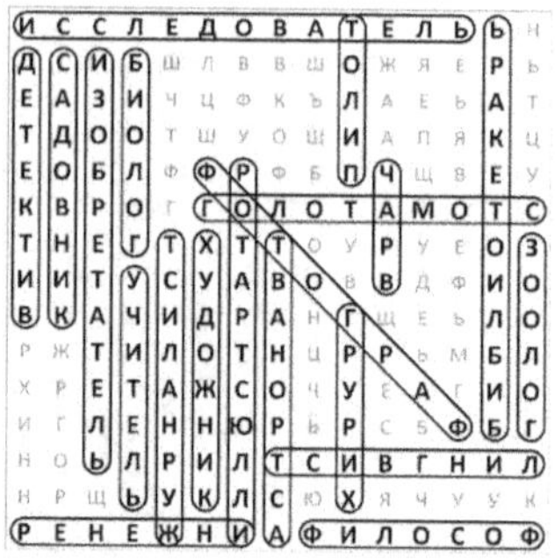

47 - Naturaleza

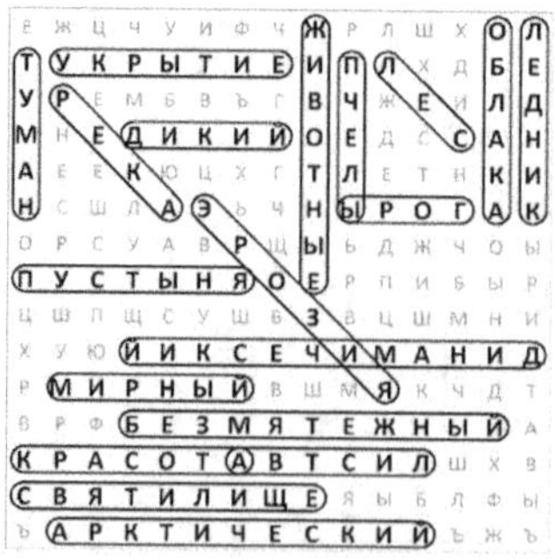

48 - Conduciendo

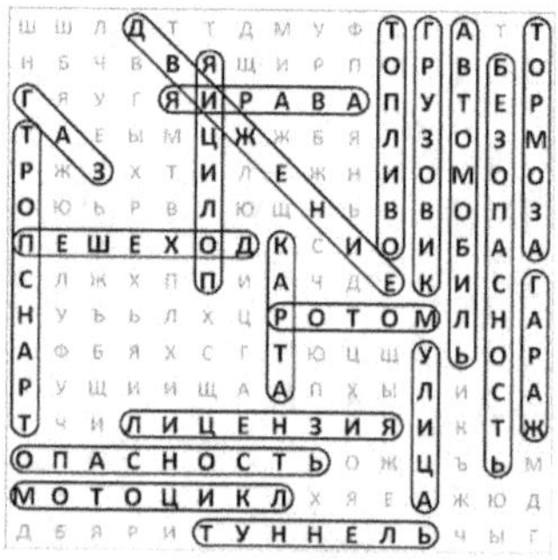

49 - Ballet

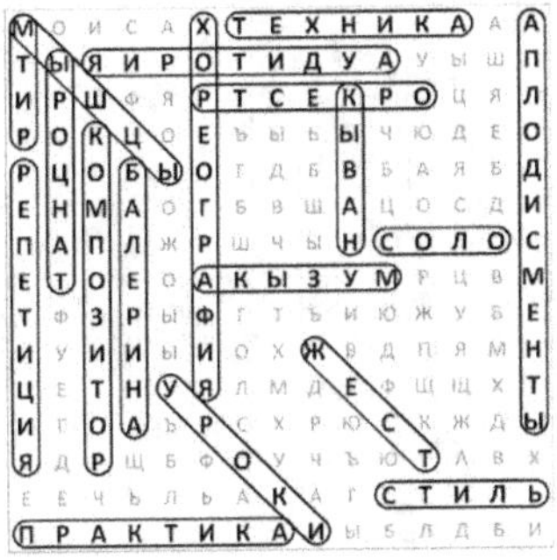

50 - Fuerza y Gravedad

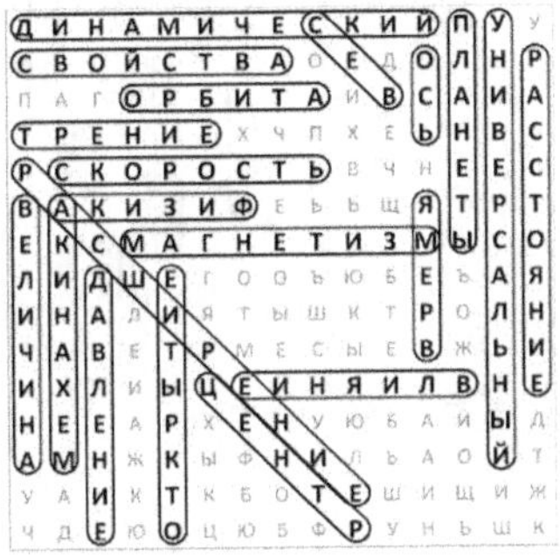

51 - Pájaros

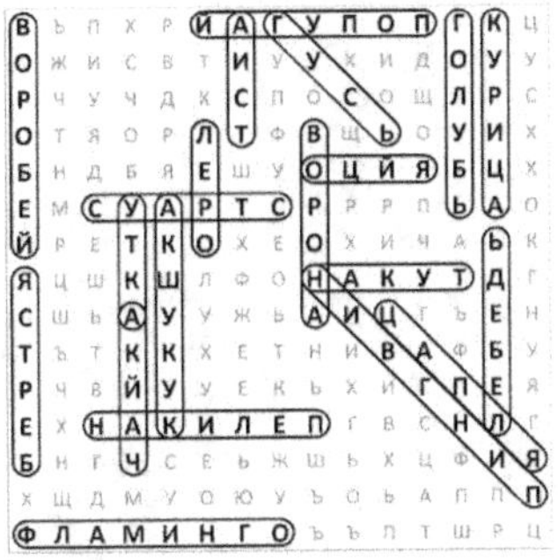

52 - Geografía

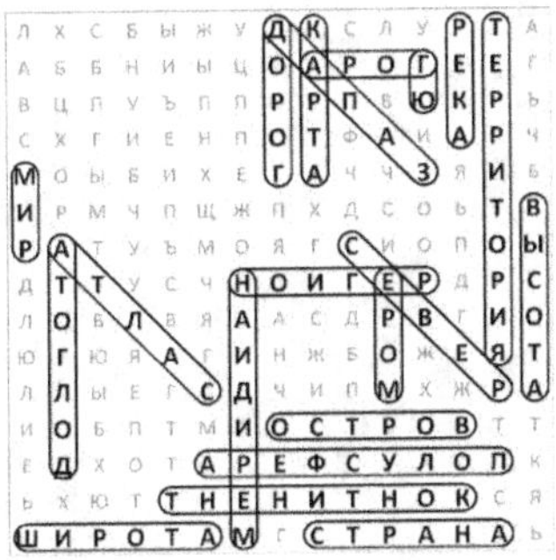

53 - Música

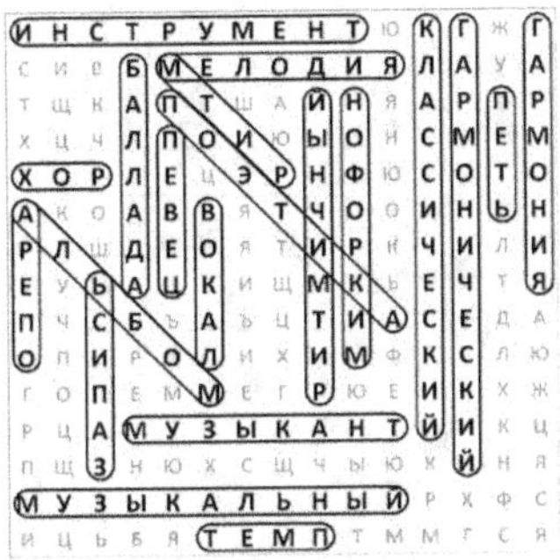

54 - Enfermedad

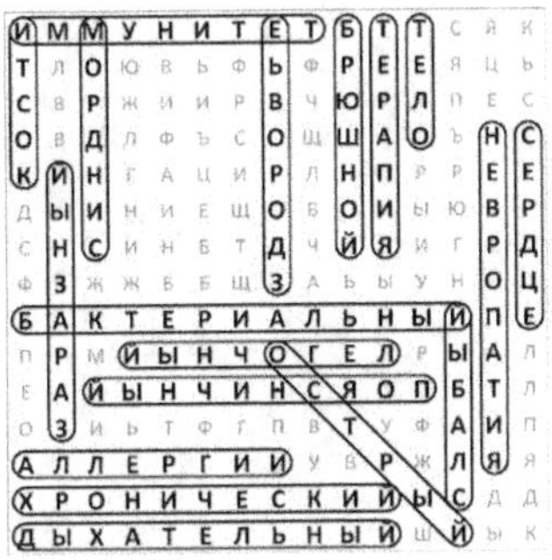

55 - Deportes

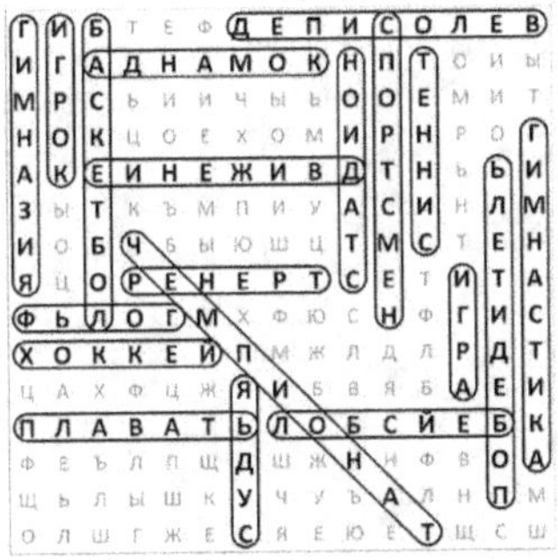

56 - Actividades

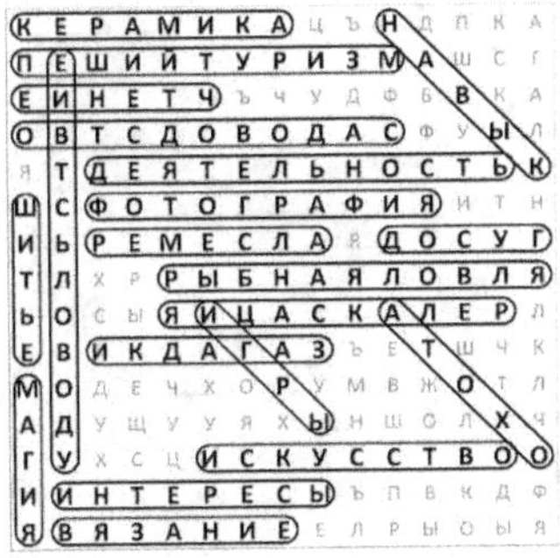

57 - Verduras

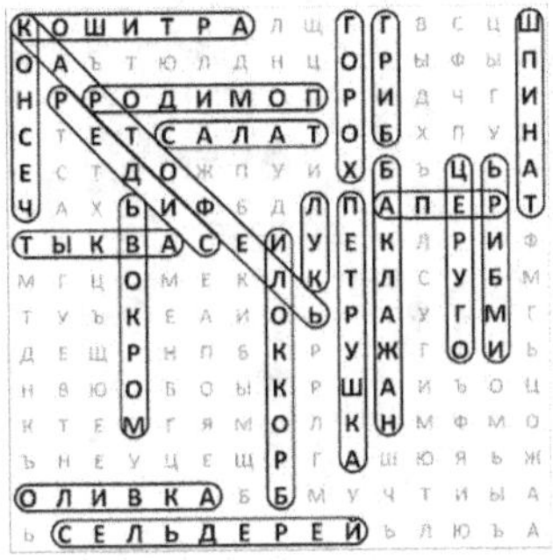

58 - Instrumentos Musicales

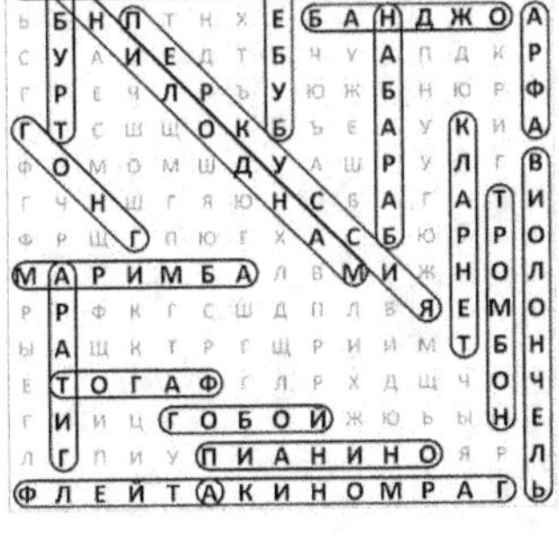

59 - Formas

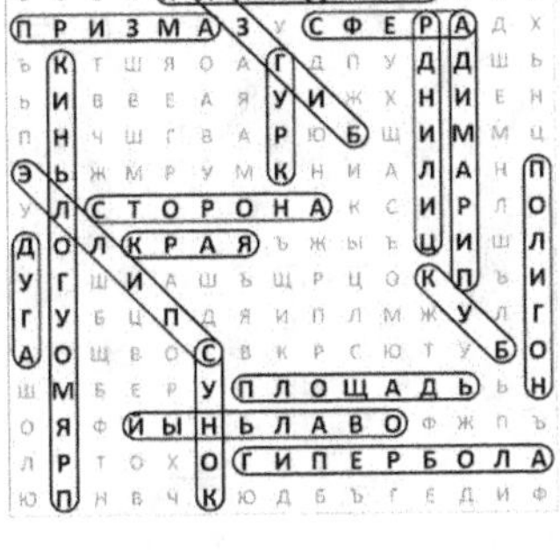

60 - Flores

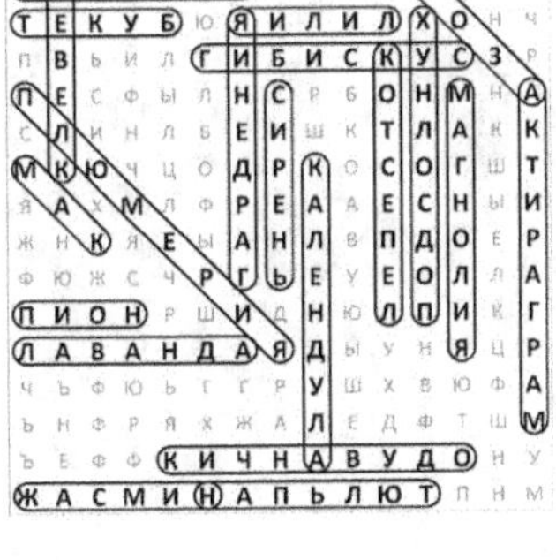

61 - Astronomía

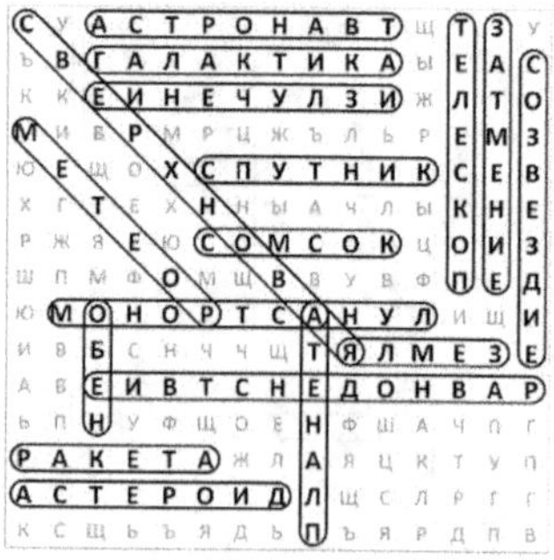

62 - Tiempo

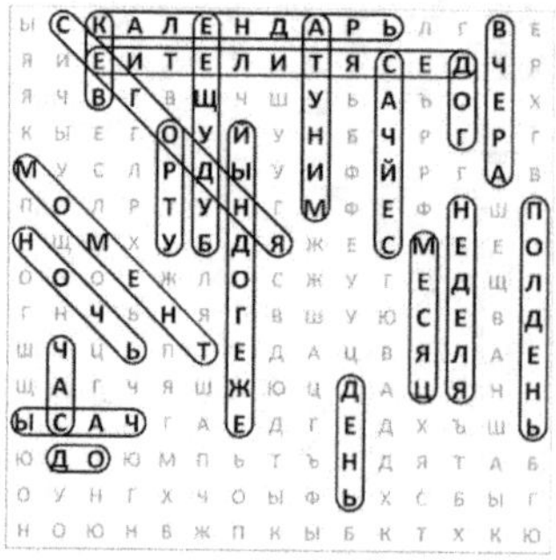

63 - Paisajes

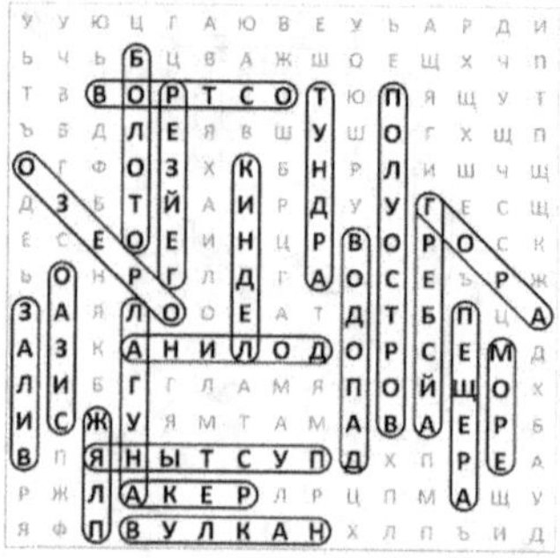

64 - Días y Meses

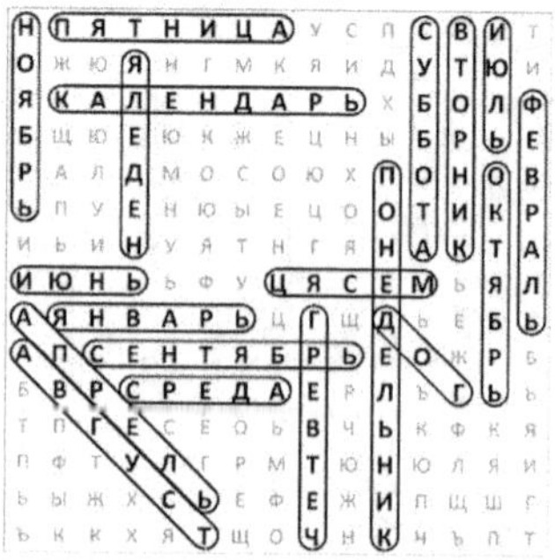

65 - Biología

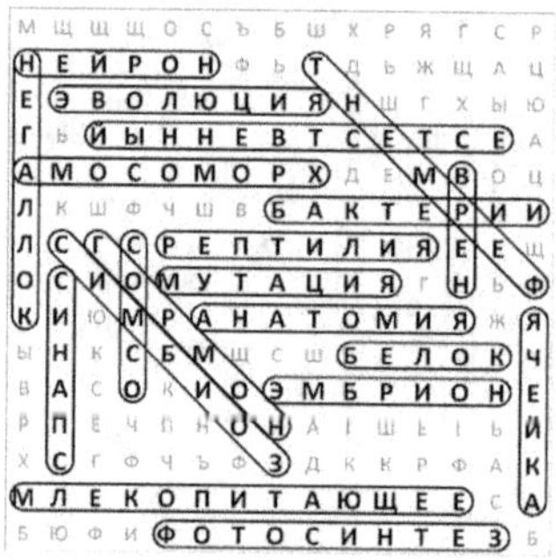

66 - Jardinería

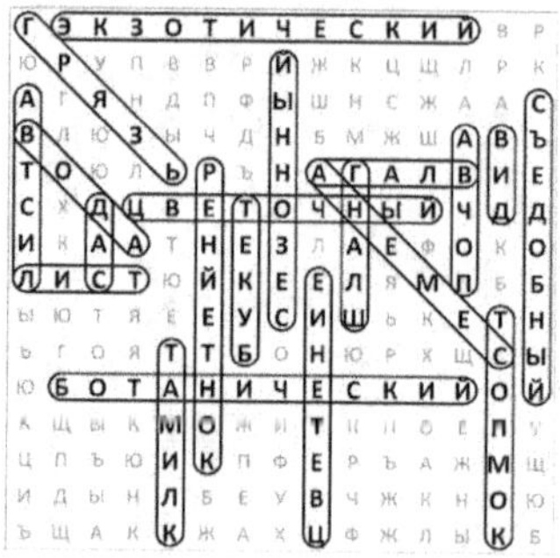

67 - Barbacoas

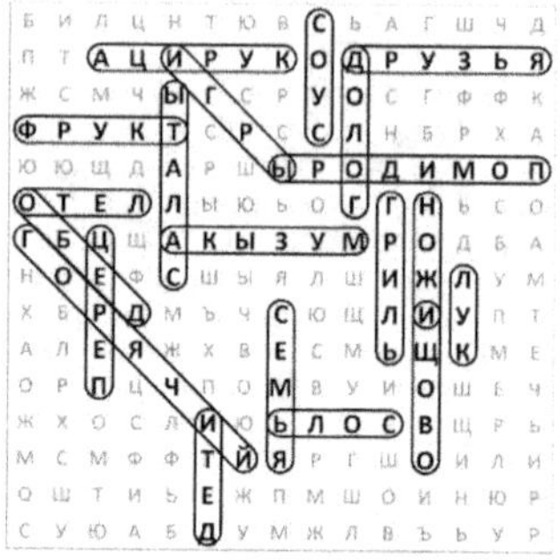

68 - Ropa

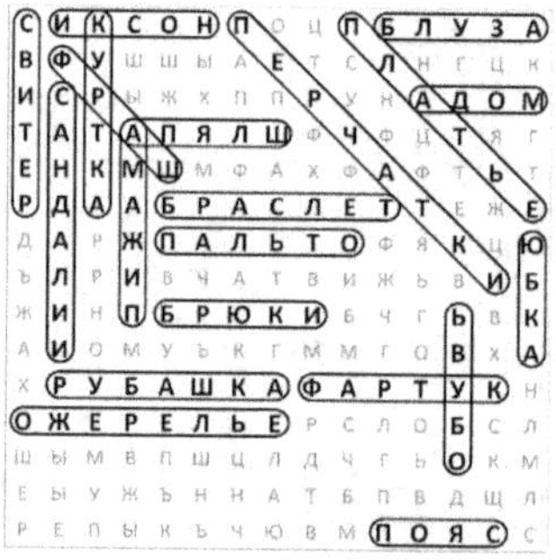

69 - Meditación

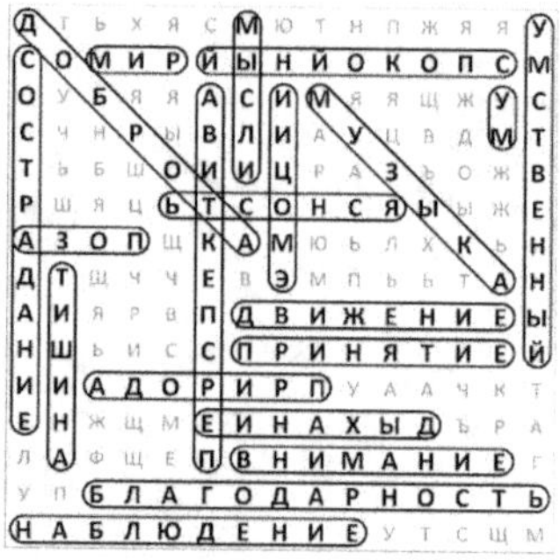

70 - Café

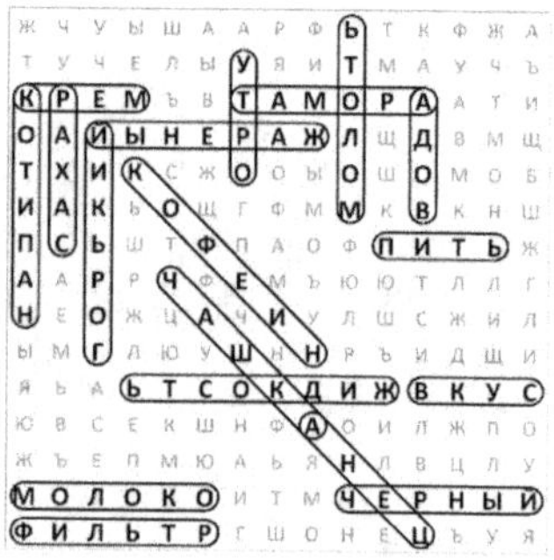

71 - Libros

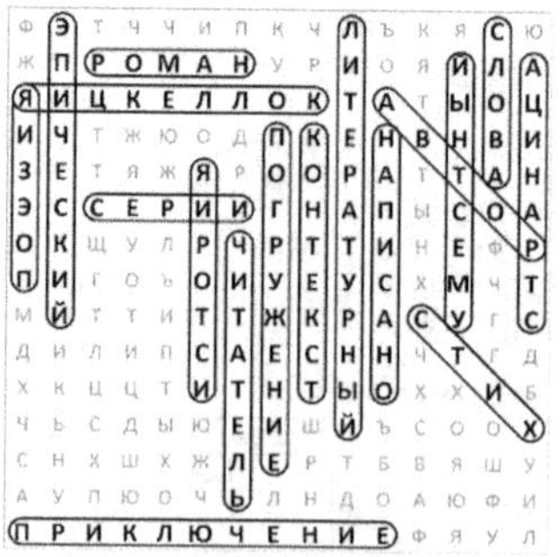

72 - Fotografía

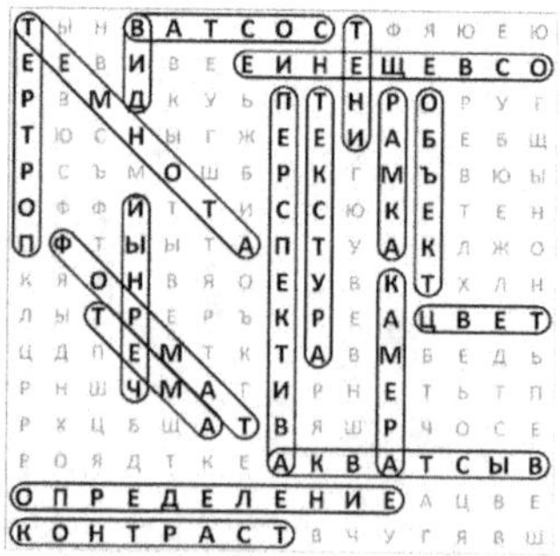

73 - Nutrición

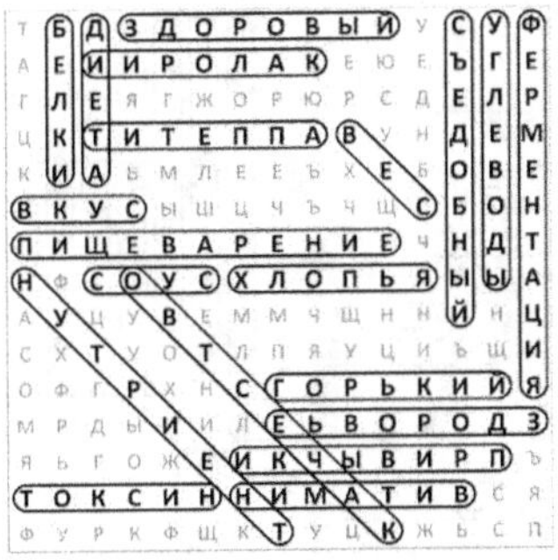

74 - Edificios

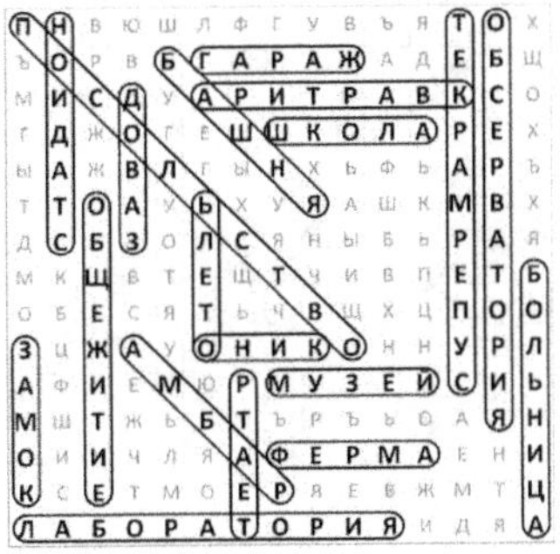

75 - Océano

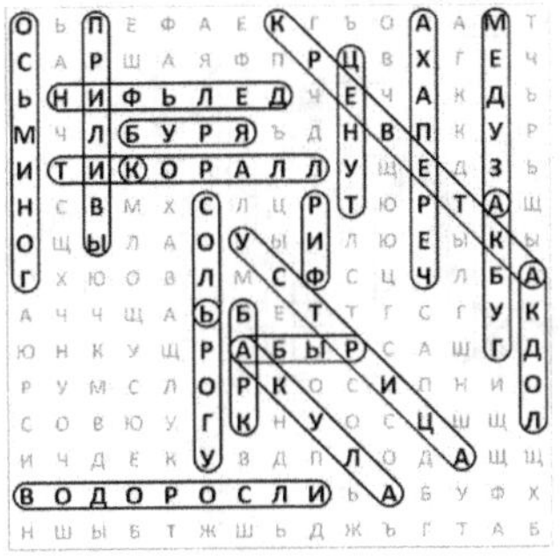

76 - Ciudad

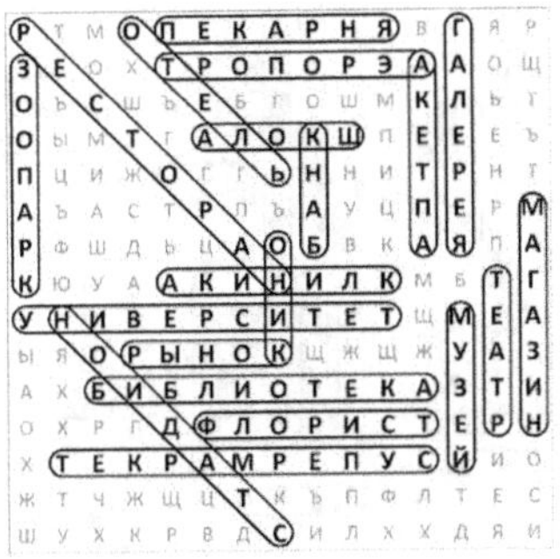

77 - Agronomía

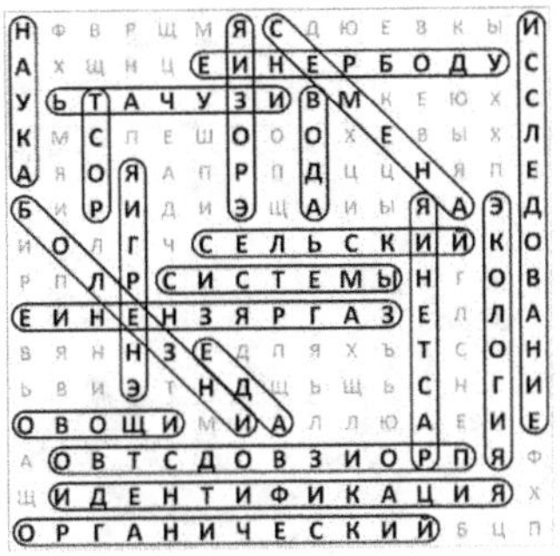

78 - Actividades y Ocio

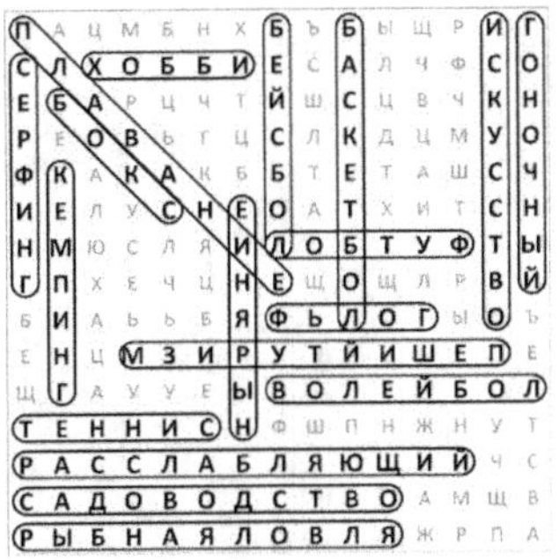

79 - Ingeniería

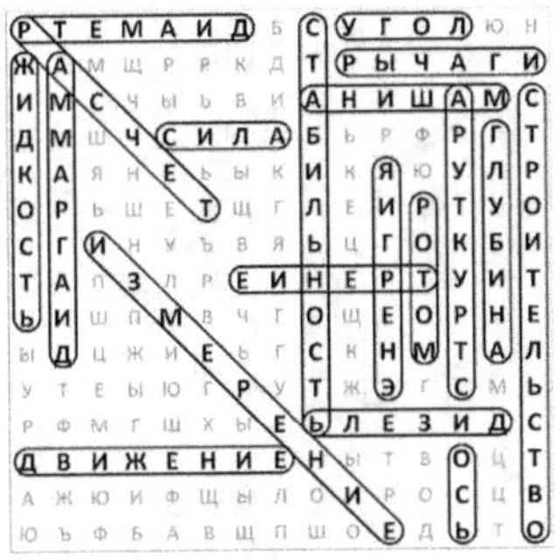

80 - Comida #1

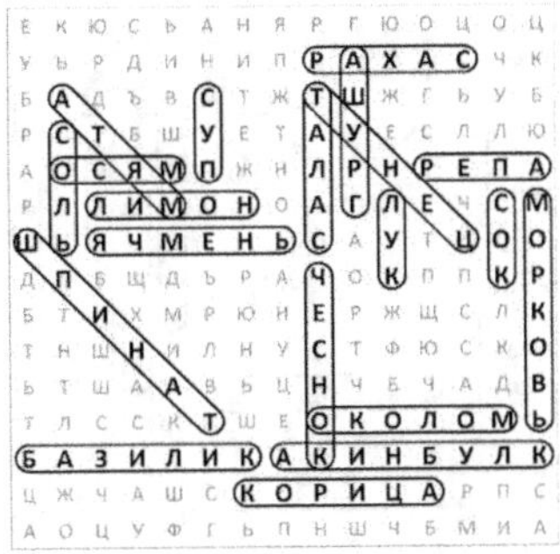

81 - Antigüedades

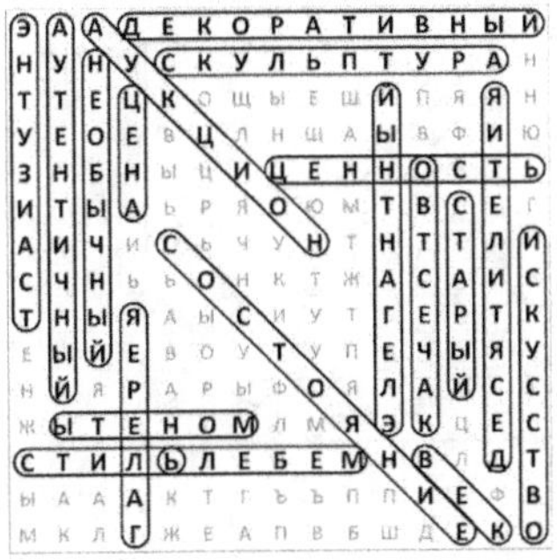

82 - Literatura

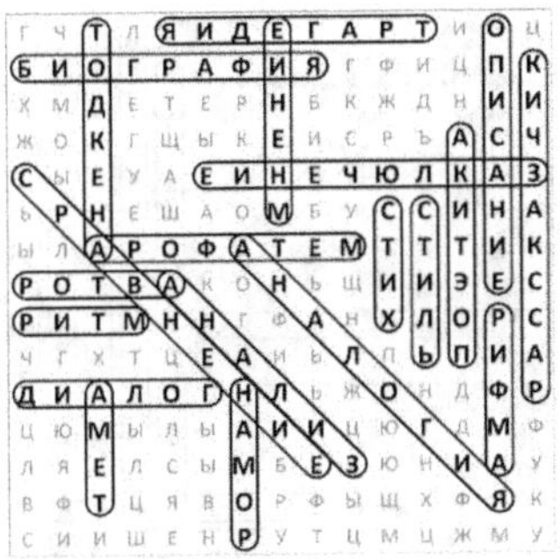

83 - Química

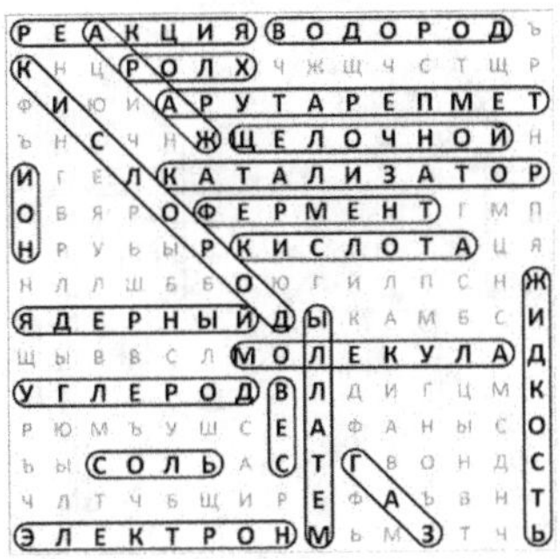

84 - Gobierno

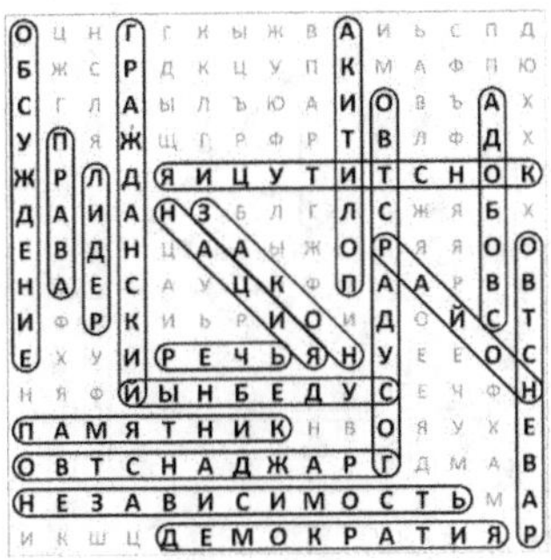

85 - Clima

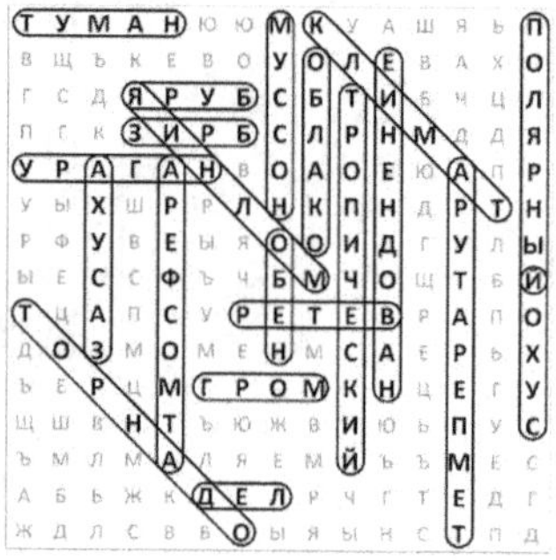

86 - Comida #2

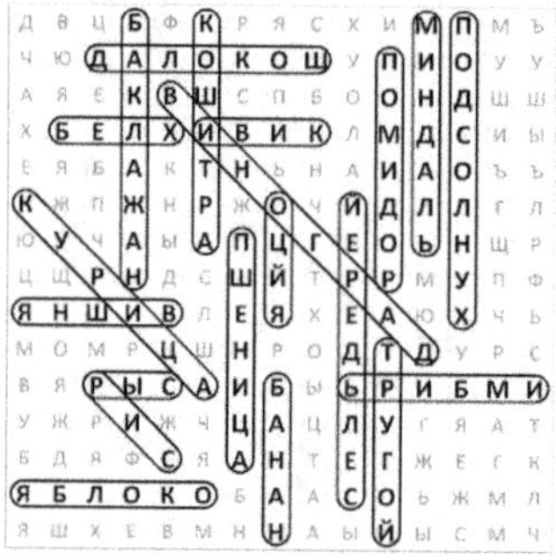

87 - Diplomacia

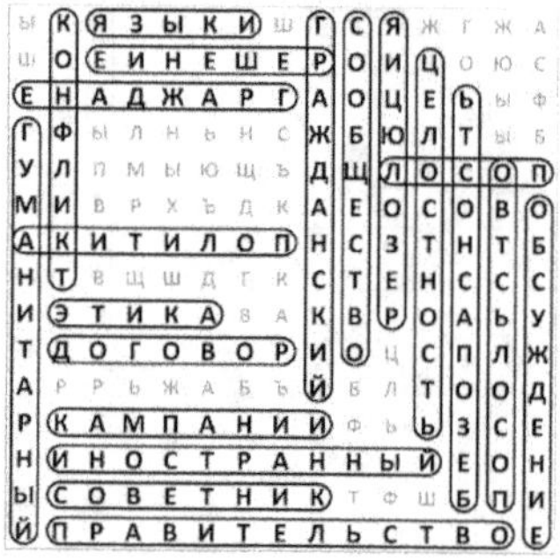

88 - Herboristería

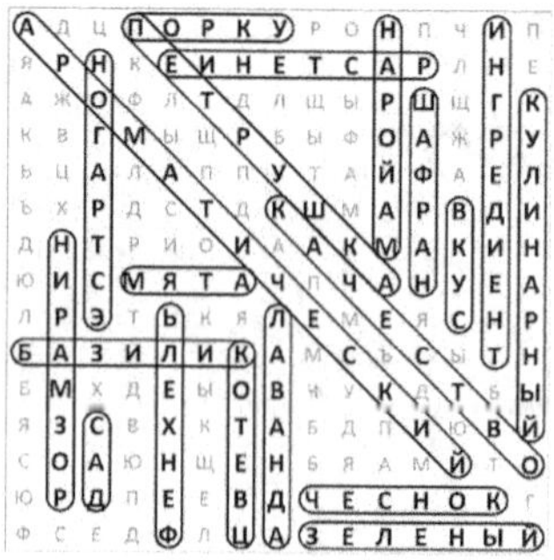

89 - Insectos

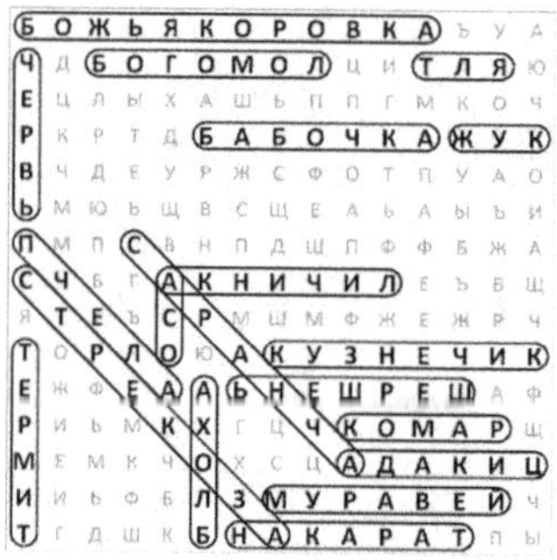

90 - Especias

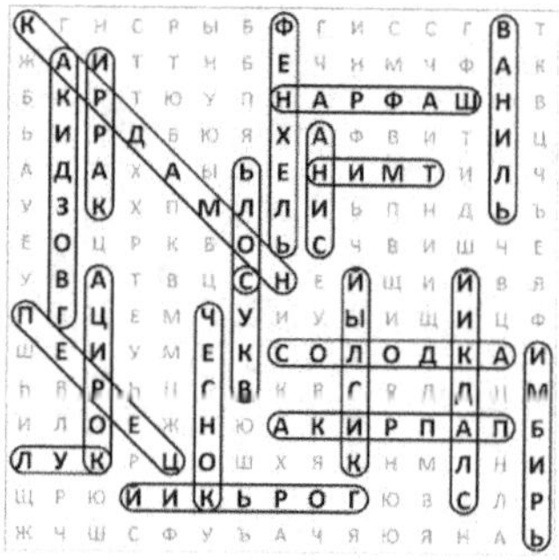

91 - Emociones

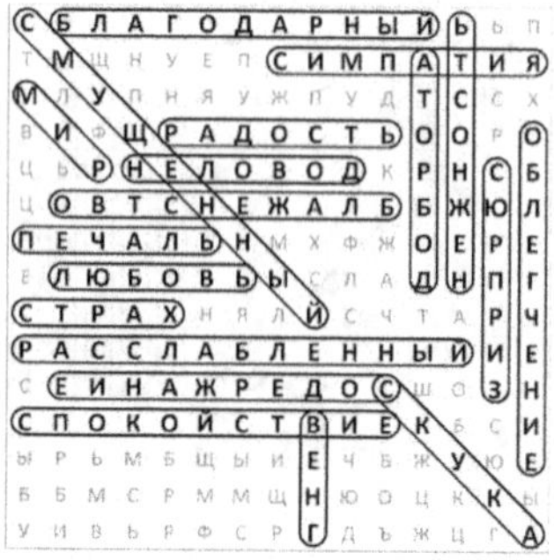

92 - Universo

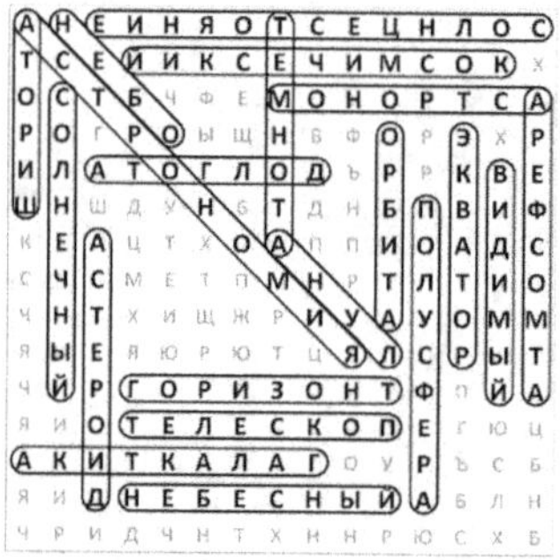

93 - Jazz

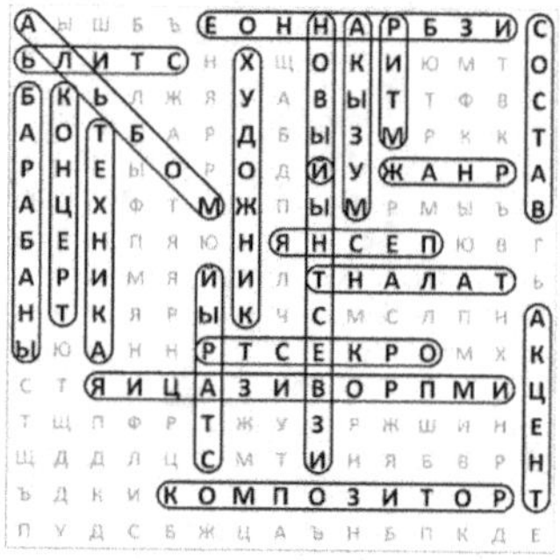

94 - Mediciones

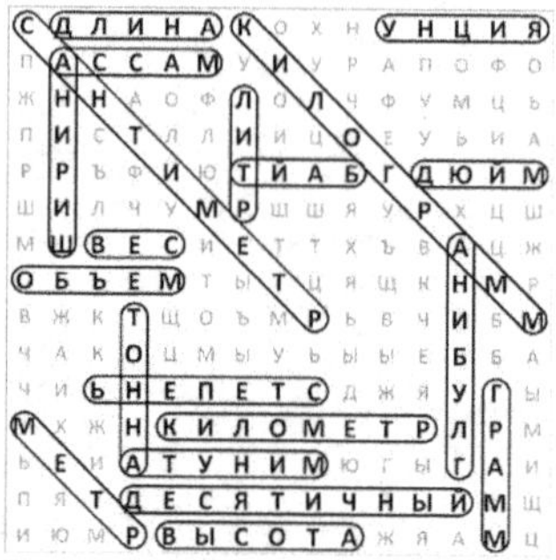

95 - Barcos

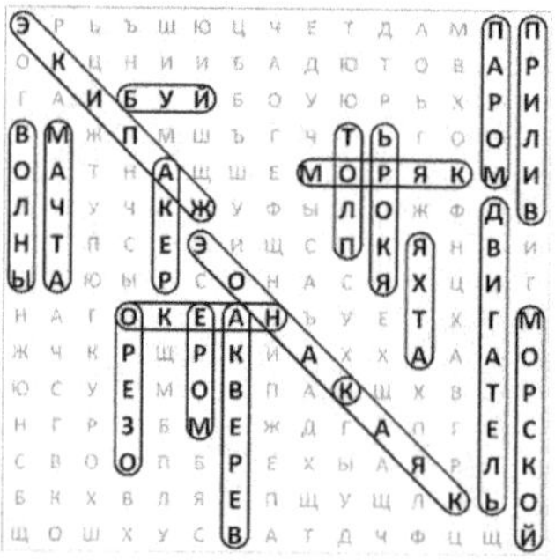

96 - Antártida

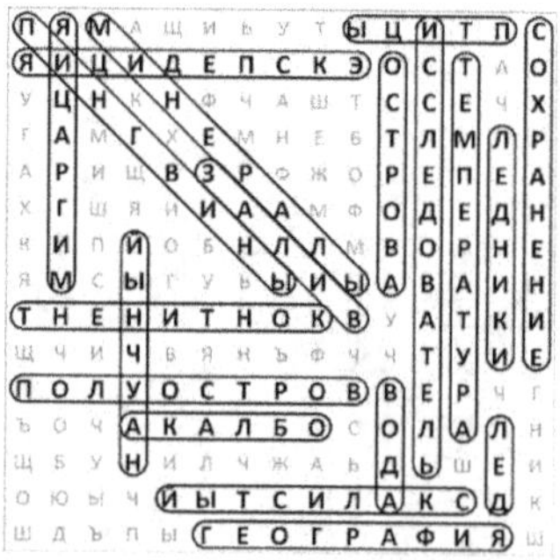

97 - Mamíferos

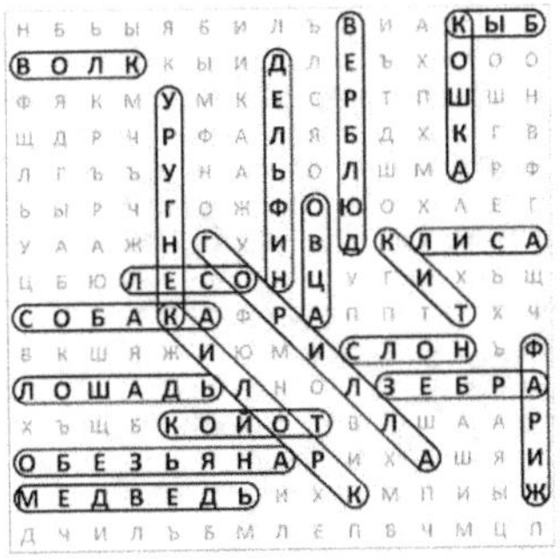

98 - Boxeo

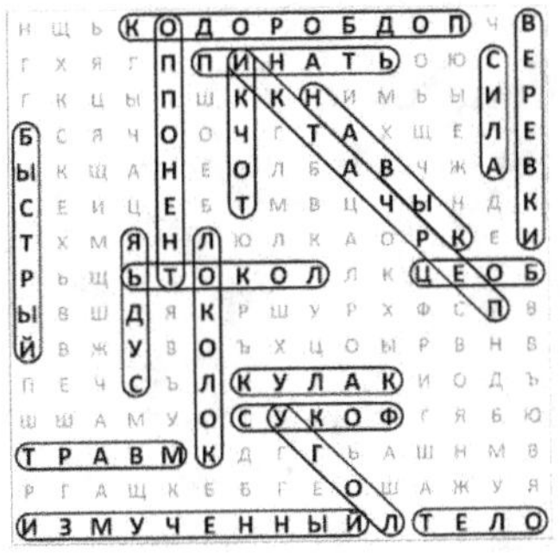

99 - Abejas

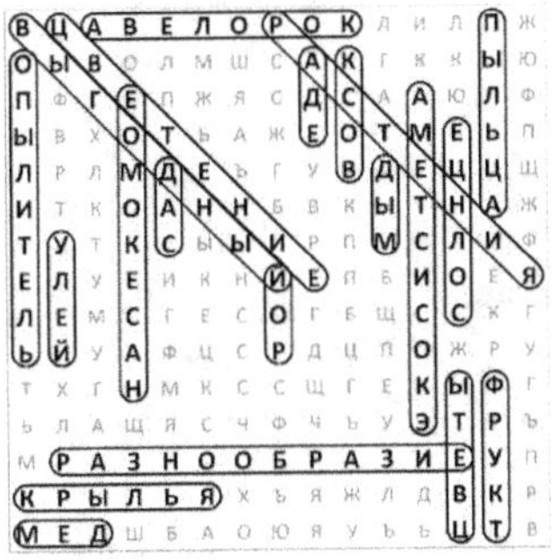

100 - Psicología

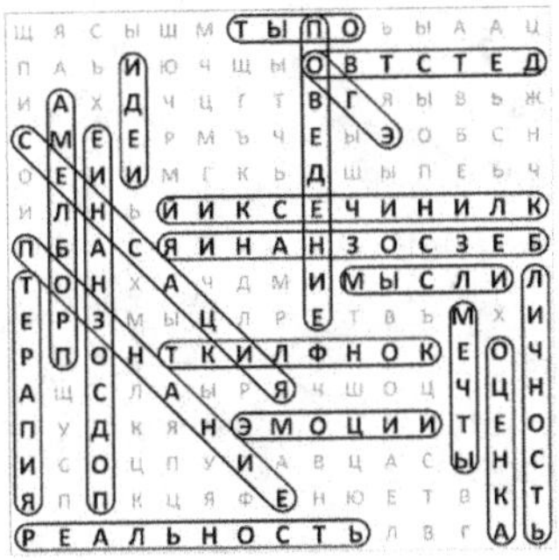

Diccionario

Abejas
Пчелы

Alas	Крылья
Beneficioso	Выгодный
Cera	Воск
Colmena	Улей
Comida	Еда
Diversidad	Разнообразие
Ecosistema	Экосистема
Enjambre	Рой
Flor	Цветение
Flores	Цветы
Fruta	Фрукт
Humo	Дым
Insecto	Насекомое
Jardín	Сад
Miel	Мед
Plantas	Растения
Polen	Пыльца
Polinizador	Опылитель
Reina	Королева
Sol	Солнце

Actividades
Виды Деятельности

Actividad	Деятельность
Arte	Искусство
Artesanía	Ремесла
Caza	Охота
Cerámica	Керамика
Costura	Шитье
Fotografía	Фотография
Habilidad	Навык
Intereses	Интересы
Jardinería	Садоводство
Juegos	Игры
Lectura	Чтение
Magia	Магия
Ocio	Досуг
Pesca	Рыбная Ловля
Placer	Удовольствие
Relajación	Релаксация
Rompecabezas	Загадки
Senderismo	Пеший Туризм
Tejer	Вязание

Actividades y Ocio
Развлечения и Досуг

Aficiones	Хобби
Arte	Искусство
Baloncesto	Баскетбол
Béisbol	Бейсбол
Boxeo	Бокс
Buceo	Ныряние
Camping	Кемпинг
Carreras	Гоночный
Fútbol	Футбол
Golf	Гольф
Jardinería	Садоводство
Natación	Плавание
Pesca	Рыбная Ловля
Relajante	Расслабляющий
Senderismo	Пеший Туризм
Surf	Серфинг
Tenis	Теннис
Voleibol	Волейбол

Adjetivos #1
Прилагательные #1

Absoluto	Абсолютный
Activo	Активный
Ambicioso	Амбициозный
Aromático	Ароматический
Brillante	Яркий
Enorme	Огромный
Exótico	Экзотический
Generoso	Щедрый
Grande	Большой
Honesto	Честный
Importante	Важный
Inocente	Невинный
Joven	Молодой
Lento	Медленный
Moderno	Современный
Oscuro	Темный
Perfecto	Совершенный
Pesado	Тяжелый
Serio	Серьезный
Valioso	Ценный

Adjetivos #2
Прилагательные #2

Cansado	Усталый
Comestible	Съедобный
Creativo	Творческий
Descriptivo	Описательный
Dramático	Драматический
Elegante	Элегантный
Famoso	Известный
Fresco	Свежий
Fuerte	Сильный
Interesante	Интересный
Natural	Естественный
Normal	Нормальный
Nuevo	Новый
Orgulloso	Гордый
Picante	Пряный
Productivo	Продуктивный
Responsable	Ответственный
Salado	Соленый
Saludable	Здоровый
Seco	Сухой

Agronomía
Агрономия

Agua	Вода
Ciencia	Наука
Comida	Еда
Contaminación	Загрязнение
Crecimiento	Рост
Ecología	Экология
Energía	Энергия
Enfermedades	Болезни
Erosión	Эрозия
Estudio	Изучать
Fertilizante	Удобрение
Identificación	Идентификация
Investigación	Исследование
Orgánico	Органический
Plantas	Растения
Producción	Производство
Rural	Сельский
Semillas	Семена
Sistemas	Системы
Verduras	Овощи

Agua
Вода

Canal	Канал
Ducha	Душ
Evaporación	Испарение
Géiser	Гейзер
Helada	Мороз
Hielo	Лед
Humedad	Влажность
Huracán	Ураган
Inundación	Наводнение
Lago	Озеро
Lluvia	Дождь
Monzón	Муссон
Nieve	Снег
Océano	Океан
Olas	Волны
Potable	Питьевой
Riego	Орошение
Río	Река
Vapor	Пар

Ajedrez
Шахматы

Blanco	Белый
Campeón	Чемпион
Concurso	Конкурс
Diagonal	Диагональ
Estrategia	Стратегия
Inteligente	Умный
Juego	Игра
Jugador	Игрок
Negro	Черный
Oponente	Оппонент
Pasivo	Пассивный
Puntos	Точки
Reglas	Правила
Reina	Королева
Rey	Король
Sacrificio	Жертва
Tiempo	Время
Torneo	Турнир

Antártida
Антарктида

Agua	Вода
Bahía	Залив
Científico	Научный
Conservación	Сохранение
Continente	Континент
Expedición	Экспедиция
Geografía	География
Glaciares	Ледники
Hielo	Лед
Investigador	Исследователь
Islas	Острова
Migración	Миграция
Minerales	Минералы
Nubes	Облака
Pájaros	Птицы
Península	Полуостров
Pingüinos	Пингвины
Rocoso	Скалистый
Temperatura	Температура
Topografía	Топография

Antigüedades
Антиквариат

Arte	Искусство
Auténtico	Аутентичный
Calidad	Качество
Condición	Состояние
Decorativo	Декоративный
Décadas	Десятилетия
Elegante	Элегантный
Entusiasta	Энтузиаст
Escultura	Скульптура
Estilo	Стиль
Galería	Галерея
Inusual	Необычный
Inversión	Инвестиции
Monedas	Монеты
Mueble	Мебель
Precio	Цена
Siglo	Век
Subasta	Аукцион
Valor	Ценность
Viejo	Старый

Arqueología
Археология

Análisis	Анализ
Antigüedad	Древность
Años	Годы
Civilización	Цивилизация
Descendiente	Потомок
Desconocido	Неизвестный
Equipo	Команда
Era	Эра
Evaluación	Оценка
Experto	Эксперт
Fósil	Ископаемое
Huesos	Кости
Investigador	Исследователь
Misterio	Тайна
Objetos	Объекты
Olvidado	Забытый
Profesor	Профессор
Reliquia	Реликвия
Templo	Храм
Tumba	Могила

Artes Visuales
Изобразительное Искусство

Arcilla	Глина
Arquitectura	Архитектура
Artista	Художник
Barniz	Лак
Caballete	Мольберт
Carbón	Уголь
Cera	Воск
Cerámica	Керамика
Composición	Состав
Creatividad	Креативность
Escultura	Скульптура
Fotografía	Фотография
Lápiz	Карандаш
Obra Maestra	Шедевр
Película	Фильм
Perspectiva	Перспектива
Plantilla	Трафарет
Pluma	Ручка
Retrato	Портрет
Tiza	Мел

Astronomía
Астрономия

Asteroide	Астероид
Astronauta	Астронавт
Astrónomo	Астроном
Cielo	Небо
Cohete	Ракета
Constelación	Созвездие
Cosmos	Космос
Eclipse	Затмение
Equinoccio	Равноденствие
Galaxia	Галактика
Luna	Луна
Meteoro	Метеор
Observatorio	Обсерватория
Planeta	Планета
Radiación	Излучение
Satélite	Спутник
Supernova	Сверхновая
Telescopio	Телескоп
Tierra	Земля
Universo	Вселенная

Aviones
Самолеты

Aire	Воздух
Altura	Высота
Aterrizaje	Посадка
Atmósfera	Атмосфера
Aventura	Приключение
Cielo	Небо
Clima	Погода
Combustible	Топливо
Construcción	Строительство
Dirección	Направление
Diseño	Дизайн
Globo	Воздушный Шар
Hélices	Пропеллеры
Hidrógeno	Водород
Historia	История
Inflar	Надувать
Motor	Двигатель
Pasajero	Пассажир
Piloto	Пилот
Tripulación	Экипаж

Álgebra
Алгебра

Cantidad	Количество
Cero	Нуль
Diagrama	Диаграмма
División	Деление
Ecuación	Уравнение
Exponente	Экспонент
Factor	Фактор
Falso	Ложный
Fórmula	Формула
Fracción	Фракция
Infinito	Бесконечный
Lineal	Линейный
Matriz	Матрица
Número	Число
Paréntesis	Скобка
Problema	Проблема
Resta	Вычитание
Simplificar	Упрощать
Solución	Решение
Variable	Переменная

Baile
Танец

Academia	Академия
Alegre	Радостный
Arte	Искусство
Clásico	Классический
Coreografía	Хореография
Cuerpo	Тело
Cultura	Культура
Cultural	Культурный
Emoción	Эмоция
Ensayo	Репетиция
Expresivo	Выразительный
Gracia	Грация
Movimiento	Движение
Música	Музыка
Postura	Поза
Ritmo	Ритм
Socio	Партнер
Tradicional	Традиционный
Visual	Визуальный

Ballet
Балет

Aplauso	Аплодисменты
Audiencia	Аудитория
Bailarina	Балерина
Bailarines	Танцоры
Compositor	Композитор
Coreografía	Хореография
Ensayo	Репетиция
Estilo	Стиль
Expresivo	Выразительный
Gesto	Жест
Habilidad	Навык
Intensidad	Интенсивность
Lecciones	Уроки
Músculos	Мышцы
Música	Музыка
Orquesta	Оркестр
Práctica	Практика
Ritmo	Ритм
Solo	Соло
Técnica	Техника

Barbacoas
Барбекю

Amigos	Друзья
Caliente	Горячий
Cebollas	Лук
Cena	Обед
Cuchillos	Ножи
Ensaladas	Салаты
Familia	Семья
Fruta	Фрукт
Hambre	Голод
Juegos	Игры
Música	Музыка
Niños	Дети
Parrilla	Гриль
Pimienta	Перец
Pollo	Курица
Sal	Соль
Salsa	Соус
Tomates	Помидоры
Verano	Лето
Verduras	Овощи

Barcos
Лодки

Ancla	Якорь
Balsa	Плот
Boya	Буй
Canoa	Каноэ
Cuerda	Веревка
Ferry	Паром
Kayak	Каяк
Lago	Озеро
Mar	Море
Marea	Прилив
Marinero	Моряк
Mástil	Мачта
Motor	Двигатель
Náutico	Морской
Océano	Океан
Olas	Волны
Río	Река
Tripulación	Экипаж
Yate	Яхта

Belleza
Красота

Aceites	Масла
Aroma	Запах
Champú	Шампунь
Color	Цвет
Cosméticos	Косметика
Elegancia	Элегантность
Elegante	Элегантный
Encanto	Очарование
Espejo	Зеркало
Estilista	Стилист
Fotogénico	Фотогеничный
Fragancia	Аромат
Gracia	Грация
Piel	Кожа
Pintalabios	Помада
Productos	Продукты
Rizos	Кудри
Servicios	Услуги
Suave	Гладкий
Tijeras	Ножницы

Biología
Биология

Anatomía	Анатомия
Bacterias	Бактерии
Celda	Ячейка
Colágeno	Коллаген
Cromosoma	Хромосома
Embrión	Эмбрион
Enzima	Фермент
Evolución	Эволюция
Fotosíntesis	Фотосинтез
Hormona	Гормон
Mamífero	Млекопитающее
Mutación	Мутация
Natural	Естественный
Nervio	Нерв
Neurona	Нейрон
Ósmosis	Осмос
Proteína	Белок
Reptil	Рептилия
Simbiosis	Симбиоз
Sinapsis	Синапс

Boxeo
Заниматься Боксом

Árbitro	Судья
Barbilla	Подбородок
Campana	Колокол
Centrar	Фокус
Codo	Локоть
Cuerdas	Веревки
Cuerpo	Тело
Esquina	Угол
Exhausto	Измученный
Fuerza	Сила
Guantes	Перчатки
Habilidad	Навык
Lesiones	Травм
Luchador	Боец
Oponente	Оппонент
Patear	Пинать
Puntos	Точки
Puño	Кулак
Rápido	Быстрый

Café
Кофе

Agua	Вода
Amargo	Горький
Aroma	Аромат
Asado	Жареный
Azúcar	Сахар
Beber	Пить
Bebida	Напиток
Cafeína	Кофеин
Crema	Крем
Filtro	Фильтр
Leche	Молоко
Líquido	Жидкость
Mañana	Утро
Moler	Молоть
Negro	Черный
Origen	Происхождение
Precio	Цена
Sabor	Вкус
Taza	Чашка
Variedad	Разнообразие

Calentamiento Global
Глобальное Потепление

Ahora	Сейчас
Ambiental	Экологический
Atención	Внимание
Ártico	Арктический
Cambios	Изменения
Científico	Ученый
Clima	Климат
Consecuencias	Последствия
Crisis	Кризис
Datos	Данные
Desarrollo	Развитие
Energía	Энергия
Futuro	Будущее
Gas	Газ
Generaciones	Поколения
Gobierno	Правительство
Internacional	Международный
Poblaciones	Популяции
Temperaturas	Температуры

Camping
Кемпинг

Animales	Животные
Aventura	Приключение
Árboles	Деревья
Bosque	Лес
Brújula	Компас
Canoa	Каноэ
Carpa	Палатка
Caza	Охота
Cuerda	Веревка
Equipo	Оборудование
Fuego	Огонь
Hamaca	Гамак
Insecto	Насекомое
Lago	Озеро
Linterna	Фонарь
Luna	Луна
Mapa	Карта
Montaña	Гора
Naturaleza	Природа
Sombrero	Шляпа

Casa
Дом

Alfombra	Коврик
Ático	Чердак
Biblioteca	Библиотека
Chimenea	Камин
Cocina	Кухня
Dormitorio	Спальня
Ducha	Душ
Escoba	Метла
Espejo	Зеркало
Garaje	Гараж
Grifo	Кран
Jardín	Сад
Lámpara	Лампа
Pared	Стена
Piso	Этаж
Puerta	Дверь
Sótano	Подвал
Techo	Крыша
Valla	Забор
Ventana	Окно

Ciencia
Наука

Átomo	Атом
Científico	Ученый
Clima	Климат
Datos	Данные
Evolución	Эволюция
Experimento	Эксперимент
Física	Физика
Fósil	Ископаемое
Gravedad	Гравитация
Hecho	Факт
Hipótesis	Гипотеза
Laboratorio	Лаборатория
Método	Метод
Minerales	Минералы
Moléculas	Молекулы
Naturaleza	Природа
Organismo	Организм
Partículas	Частицы
Plantas	Растения
Químico	Химические

Ciencia Ficción
Научная Фантастика

Atómico	Атомный
Cine	Кино
Clones	Клоны
Escenario	Сценарий
Explosión	Взрыв
Extremo	Экстремальный
Fuego	Огонь
Galaxia	Галактика
Ilusión	Иллюзия
Imaginario	Воображаемый
Libros	Книги
Misterioso	Таинственный
Mundo	Мир
Novelas	Романы
Oráculo	Оракул
Planeta	Планета
Realista	Реалистичный
Robots	Роботы
Tecnología	Технология
Utopía	Утопия

Ciudad
Город

Aeropuerto	Аэропорт
Banco	Банк
Biblioteca	Библиотека
Cine	Кино
Clínica	Клиника
Escuela	Школа
Estadio	Стадион
Farmacia	Аптека
Florista	Флорист
Galería	Галерея
Hotel	Отель
Mercado	Рынок
Museo	Музей
Panadería	Пекарня
Restaurante	Ресторан
Supermercado	Супермаркет
Teatro	Театр
Tienda	Магазин
Universidad	Университет
Zoo	Зоопарк

Clima
Погода

Atmósfera	Атмосфера
Brisa	Бриз
Cielo	Небо
Clima	Климат
Hielo	Лед
Huracán	Ураган
Inundación	Наводнение
Monzón	Муссон
Niebla	Туман
Nube	Облако
Polar	Полярный
Rayo	Молния
Seco	Сухой
Sequía	Засуха
Temperatura	Температура
Tormenta	Буря
Tornado	Торнадо
Tropical	Тропический
Trueno	Гром
Viento	Ветер

Cocina
Кухня

Caldera	Чайник
Comida	Еда
Congelador	Морозилка
Cucharas	Ложки
Cucharón	Ковш
Cuchillos	Ножи
Delantal	Фартук
Especias	Специи
Esponja	Губка
Horno	Печь
Jarra	Кувшин
Parrilla	Гриль
Receta	Рецепт
Refrigerador	Холодильник
Servilleta	Салфетка
Tarro	Банка
Tazas	Чашки
Tazón	Чаша
Tenedores	Вилки

Comida #1
Еда #1

Ajo	Чеснок
Albahaca	Базилик
Atún	Тунец
Azúcar	Сахар
Canela	Корица
Carne	Мясо
Cebada	Ячмень
Cebolla	Лук
Ensalada	Салат
Espinacas	Шпинат
Fresa	Клубника
Jugo	Сок
Leche	Молоко
Limón	Лимон
Menta	Мята
Nabo	Репа
Pera	Груша
Sal	Соль
Sopa	Суп
Zanahoria	Морковь

Comida #2
Еда #2

Alcachofa	Артишок
Almendra	Миндаль
Apio	Сельдерей
Arroz	Рис
Berenjena	Баклажан
Cereza	Вишня
Chocolate	Шоколад
Girasol	Подсолнух
Huevo	Яйцо
Jengibre	Имбирь
Kiwi	Киви
Manzana	Яблоко
Pan	Хлеб
Plátano	Банан
Pollo	Курица
Queso	Сыр
Tomate	Помидор
Trigo	Пшеница
Uva	Виноград
Yogur	Йогурт

Conduciendo
Вождение

Accidente	Авария
Calle	Улица
Camión	Грузовик
Coche	Автомобиль
Combustible	Топливо
Frenos	Тормоза
Garaje	Гараж
Gas	Газ
Licencia	Лицензия
Mapa	Карта
Motocicleta	Мотоцикл
Motor	Мотор
Peatonal	Пешеход
Peligro	Опасность
Policía	Полиция
Seguridad	Безопасность
Transporte	Транспорт
Tráfico	Движение
Túnel	Туннель
Velocidad	Скорость

Cuerpo Humano
Тело Человека

Barbilla	Подбородок
Boca	Рот
Cabeza	Голова
Cara	Лицо
Cerebro	Мозг
Codo	Локоть
Corazón	Сердце
Cuello	Шея
Dedo	Палец
Hombro	Плечо
Lengua	Язык
Mano	Рука
Nariz	Нос
Ojo	Глаз
Oreja	Ухо
Piel	Кожа
Pierna	Нога
Rodilla	Колено
Sangre	Кровь
Tobillo	Лодыжка

Deportes
Виды Спорта

Atleta	Спортсмен
Árbitro	Судья
Baloncesto	Баскетбол
Béisbol	Бейсбол
Bicicleta	Велосипед
Campeonato	Чемпионат
Entrenador	Тренер
Equipo	Команда
Estadio	Стадион
Ganador	Победитель
Gimnasia	Гимнастика
Gimnasio	Гимназия
Golf	Гольф
Hockey	Хоккей
Juego	Игра
Jugador	Игрок
Movimiento	Движение
Nadar	Плавать
Tenis	Теннис

Diplomacia
Дипломатия

Asesor	Советник
Campañas	Кампании
Ciudadanos	Граждане
Cívico	Гражданский
Comunidad	Сообщество
Conflicto	Конфликт
Discusión	Обсуждение
Embajada	Посольство
Embajador	Посол
Extranjero	Иностранный
Ética	Этика
Gobierno	Правительство
Humanitario	Гуманитарный
Idiomas	Языки
Integridad	Целостность
Política	Политика
Resolución	Резолюция
Seguridad	Безопасность
Solución	Решение
Tratado	Договор

Disciplinas Científicas
Научные Дисциплины

Anatomía	Анатомия
Arqueología	Археология
Astronomía	Астрономия
Biología	Биология
Bioquímica	Биохимия
Botánica	Ботаника
Ecología	Экология
Fisiología	Физиология
Geología	Геология
Inmunología	Иммунология
Lingüística	Лингвистика
Mecánica	Механика
Meteorología	Метеорология
Mineralogía	Минералогия
Neurología	Неврология
Psicología	Психология
Química	Химия
Sociología	Социология
Termodinámica	Термодинамика
Zoología	Зоология

Días y Meses
Дни и Месяцы

Abril	Апрель
Agosto	Август
Año	Год
Calendario	Календарь
Domingo	Воскресенье
Enero	Январь
Febrero	Февраль
Jueves	Четверг
Julio	Июль
Junio	Июнь
Lunes	Понедельник
Martes	Вторник
Mes	Месяц
Miércoles	Среда
Noviembre	Ноябрь
Octubre	Октябрь
Sábado	Суббота
Semana	Неделя
Septiembre	Сентябрь
Viernes	Пятница

Edificios
Здания

Albergue	Общежитие
Apartamento	Квартира
Castillo	Замок
Cine	Кино
Embajada	Посольство
Escuela	Школа
Estadio	Стадион
Fábrica	Завод
Garaje	Гараж
Granero	Амбар
Granja	Ферма
Hospital	Больница
Hotel	Отель
Laboratorio	Лаборатория
Museo	Музей
Observatorio	Обсерватория
Supermercado	Супермаркет
Teatro	Театр
Torre	Башня
Universidad	Университет

Electricidad
Электричество

Batería	Батарея
Bombilla	Лампочка
Cable	Кабель
Cables	Провода
Cantidad	Количество
Electricista	Электрик
Eléctrico	Электрический
Enchufe	Разъем
Equipo	Оборудование
Generador	Генератор
Imán	Магнит
Lámpara	Лампа
Láser	Лазер
Negativo	Отрицательный
Objetos	Объекты
Positivo	Положительный
Red	Сеть
Televisión	Телевидение
Teléfono	Телефон

Emociones
Эмоции

Aburrimiento	Скука
Agradecido	Благодарный
Alegría	Радость
Alivio	Облегчение
Amor	Любовь
Avergonzado	Смущенный
Beatitud	Блаженство
Bondad	Доброта
Calma	Спокойный
Contenido	Содержание
Ira	Гнев
Miedo	Страх
Paz	Мир
Relajado	Расслабленный
Satisfecho	Доволен
Simpatía	Симпатия
Sorpresa	Сюрприз
Ternura	Нежность
Tranquilidad	Спокойствие
Tristeza	Печаль

Enfermedad
Заболевание

Abdominal	Брюшной
Agudo	Острый
Alergias	Аллергии
Bacteriano	Бактериальный
Contagioso	Заразный
Corazón	Сердце
Crónica	Хронический
Cuerpo	Тело
Débil	Слабый
Genético	Генетический
Huesos	Кости
Inflamación	Воспаление
Inmunidad	Иммунитет
Lumbar	Поясничный
Neuropatía	Невропатия
Pulmonar	Легочный
Respiratorio	Дыхательный
Salud	Здоровье
Síndrome	Синдром
Terapia	Терапия

Especias
Специи

Agrio	Кислый
Ajo	Чеснок
Amargo	Горький
Anís	Анис
Azafrán	Шафран
Canela	Корица
Cardamomo	Кардамон
Cebolla	Лук
Clavo	Гвоздика
Comino	Тмин
Curry	Карри
Dulce	Сладкий
Hinojo	Фенхель
Jengibre	Имбирь
Pimentón	Паприка
Pimienta	Перец
Regaliz	Солодка
Sabor	Вкус
Sal	Соль
Vainilla	Ваниль

Familia
Семья

Abuela	Бабушка
Abuelo	Дед
Antepasado	Предок
Esposa	Жена
Hermana	Сестра
Hermano	Брат
Hija	Дочь
Infancia	Детство
Madre	Мать
Marido	Муж
Materno	Материнский
Nieto	Внук
Niño	Ребенок
Niños	Дети
Padre	Отец
Paterno	Отцовский
Sobrina	Племянница
Sobrino	Племянник
Tía	Тетя
Tío	Дядя

Física
Физика

Aceleración	Ускорение
Átomo	Атом
Caos	Хаос
Densidad	Плотность
Electrón	Электрон
Fórmula	Формула
Frecuencia	Частота
Gas	Газ
Gravedad	Гравитация
Magnetismo	Магнетизм
Masa	Масса
Mecánica	Механика
Molécula	Молекула
Motor	Двигатель
Nuclear	Ядерный
Partícula	Частица
Químico	Химические
Universal	Универсальный
Variable	Переменная
Velocidad	Скорость

Flores
Цветы

Amapola	Мак
Caléndula	Календула
Diente de León	Одуванчик
Gardenia	Гардения
Girasol	Подсолнух
Hibisco	Гибискус
Jazmín	Жасмин
Lavanda	Лаванда
Lila	Сирень
Lirio	Лилия
Magnolia	Магнолия
Margarita	Маргаритка
Orquídea	Орхидея
Peonía	Пион
Pétalo	Лепесток
Plumeria	Плюмерия
Ramo	Букет
Rosa	Роза
Trébol	Клевер
Tulipán	Тюльпан

Formas
Формы

Arco	Дуга
Bordes	Края
Cilindro	Цилиндр
Círculo	Круг
Cono	Конус
Cuadrado	Площадь
Cubo	Куб
Curva	Изгиб
Elipse	Эллипс
Esfera	Сфера
Esquina	Угол
Hipérbola	Гипербола
Lado	Сторона
Línea	Линия
Oval	Овальный
Pirámide	Пирамида
Polígono	Полигон
Prisma	Призма
Rectángulo	Прямоугольник
Triángulo	Треугольник

Fotografía
Фотография

Cámara	Камера
Color	Цвет
Composición	Состав
Contraste	Контраст
Definición	Определение
Exposición	Выставка
Formato	Формат
Iluminación	Освещение
Marco	Рамка
Negro	Черный
Objeto	Объект
Oscuridad	Темнота
Perspectiva	Перспектива
Retrato	Портрет
Sombras	Тени
Tema	Тема
Textura	Текстура
Vista	Вид
Visual	Визуальный

Fruta
Фрукты

Aguacate	Авокадо
Albaricoque	Абрикос
Baya	Ягода
Cereza	Вишня
Coco	Кокос
Frambuesa	Малина
Guayaba	Гуава
Kiwi	Киви
Limón	Лимон
Mango	Манго
Manzana	Яблоко
Melocotón	Персик
Melón	Дыня
Naranja	Оранжевый
Nectarina	Нектарин
Papaya	Папайя
Pera	Груша
Piña	Ананас
Plátano	Банан
Uva	Виноград

Fuerza y Gravedad
Сила и Гравитация

Centro	Центр
Descubrimiento	Открытие
Dinámico	Динамический
Distancia	Расстояние
Eje	Ось
Expansión	Расширение
Física	Физика
Fricción	Трение
Impacto	Влияние
Magnetismo	Магнетизм
Magnitud	Величина
Mecánica	Механика
Órbita	Орбита
Peso	Вес
Planetas	Планеты
Presión	Давление
Propiedades	Свойства
Tiempo	Время
Universal	Универсальный
Velocidad	Скорость

Geografía
География

Altitud	Высота
Atlas	Атлас
Ciudad	Город
Continente	Континент
Hemisferio	Полусфера
Isla	Остров
Latitud	Широта
Longitud	Долгота
Mapa	Карта
Mar	Море
Meridiano	Меридиан
Montaña	Гора
Mundo	Мир
Norte	Север
Oeste	Запад
País	Страна
Región	Регион
Río	Река
Sur	Юг
Territorio	Территория

Geología
Геология

Ácido	Кислота
Calcio	Кальций
Capa	Слой
Caverna	Пещера
Continente	Континент
Coral	Коралл
Cristales	Кристаллы
Cuarzo	Кварц
Erosión	Эрозия
Estalactita	Сталактит
Estalagmitas	Сталагмиты
Fósil	Ископаемое
Géiser	Гейзер
Lava	Лава
Meseta	Плато
Minerales	Минералы
Piedra	Камень
Sal	Соль
Terremoto	Землетрясение
Volcán	Вулкан

Geometría
Геометрия

Altura	Высота
Ángulo	Угол
Cálculo	Расчет
Curva	Изгиб
Diámetro	Диаметр
Dimensión	Измерение
Ecuación	Уравнение
Lógica	Логика
Masa	Масса
Mediana	Медиана
Número	Число
Paralelo	Параллель
Probabilidad	Вероятность
Proporción	Пропорция
Segmento	Сегмент
Simetría	Симметрия
Superficie	Поверхность
Teoría	Теория
Triángulo	Треугольник
Vertical	Вертикальный

Gobierno
Правительство

Ciudadanía	Гражданство
Civil	Гражданский
Constitución	Конституция
Democracia	Демократия
Derechos	Права
Discurso	Речь
Discusión	Обсуждение
Distrito	Район
Estado	Государство
Igualdad	Равенство
Independencia	Независимость
Judicial	Судебный
Ley	Закон
Libertad	Свобода
Líder	Лидер
Monumento	Памятник
Nacional	Национальный
Nación	Нация
Política	Политика
Símbolo	Символ

Granja #1
Ферма #1

Abeja	Пчела
Agua	Вода
Arroz	Рис
Burro	Осел
Caballo	Лошадь
Cabra	Коза
Campo	Поле
Cuervo	Ворона
Fertilizante	Удобрение
Gato	Кошка
Heno	Сено
Miel	Мед
Perro	Собака
Pollo	Курица
Rebaño	Стадо
Semillas	Семена
Ternero	Телец
Tierra	Земля
Vaca	Корова
Valla	Забор

Granja #2
Ферма #2

Agricultor	Фермер
Animales	Животные
Cebada	Ячмень
Colmena	Улей
Comida	Еда
Cordero	Ягненок
Fruta	Фрукт
Granero	Амбар
Huerto	Сад
Leche	Молоко
Llama	Лама
Maíz	Кукуруза
Oveja	Овца
Pastor	Пасти
Pato	Утка
Prado	Луг
Riego	Орошение
Tractor	Трактор
Trigo	Пшеница
Vegetal	Овощ

Herboristería
Тимбализм

Ajo	Чеснок
Albahaca	Базилик
Aromático	Ароматический
Azafrán	Шафран
Calidad	Качество
Culinario	Кулинарный
Eneldo	Укроп
Estragón	Эстрагон
Flor	Цветок
Hinojo	Фенхель
Ingrediente	Ингредиент
Jardín	Сад
Lavanda	Лаванда
Mejorana	Майоран
Menta	Мята
Perejil	Петрушка
Planta	Растение
Romero	Розмарин
Sabor	Вкус
Verde	Зеленый

Ingeniería
Инженерия

Ángulo	Угол
Cálculo	Расчет
Construcción	Строительство
Diagrama	Диаграмма
Diámetro	Диаметр
Diesel	Дизель
Distribución	Распределение
Eje	Ось
Energía	Энергия
Estabilidad	Стабильность
Estructura	Структура
Fricción	Трение
Fuerza	Сила
Líquido	Жидкость
Máquina	Машина
Medición	Измерение
Motor	Мотор
Movimiento	Движение
Palancas	Рычаги
Profundidad	Глубина

Inmigración
Иммиграция

Administración	Администрация
Adultos	Взрослые
Aprobación	Утверждение
Ayuda	Помощь
Comunicación	Коммуникация
Documentos	Документы
Estrés	Стресс
Fecha Límite	Крайний Срок
Fronteras	Границы
Idioma	Язык
Ley	Закон
Negociación	Переговоры
Niños	Дети
Oficial	Офицер
Proceso	Процесс
Protección	Защита
Situación	Ситуация
Solución	Решение
Vivienda	Жилье

Insectos
Насекомые

Abeja	Пчела
Avispa	Оса
Avispón	Шершень
Áfido	Тля
Cigarra	Цикада
Cucaracha	Таракан
Escarabajo	Жук
Gusano	Червь
Hormiga	Муравей
Langosta	Саранча
Larva	Личинка
Libélula	Стрекоза
Mantis	Богомол
Mariposa	Бабочка
Mariquita	Божья Коровка
Mosquito	Комар
Pulga	Блоха
Saltamontes	Кузнечик
Termita	Термит

Instrumentos Musicales
Музыкальные Инструменты

Armónica	Гармоника
Arpa	Арфа
Banjo	Банджо
Clarinete	Кларнет
Fagot	Фагот
Flauta	Флейта
Gong	Гонг
Guitarra	Гитара
Mandolina	Мандолина
Marimba	Маримба
Oboe	Гобой
Pandereta	Бубен
Percusión	Перкуссия
Piano	Пианино
Saxofón	Саксофон
Tambor	Барабан
Trombón	Тромбон
Trompeta	Труба
Violín	Скрипка
Violonchelo	Виолончель

Jardinería
Садоводство

Agua	Вода
Botánico	Ботанический
Clima	Климат
Comestible	Съедобный
Compost	Компост
Contenedor	Контейнер
Especie	Вид
Estacional	Сезонный
Exótico	Экзотический
Flor	Цветение
Floral	Цветочный
Follaje	Листва
Hoja	Лист
Huerto	Сад
Humedad	Влага
Manguera	Шланг
Ramo	Букет
Semillas	Семена
Suciedad	Грязь
Suelo	Почва

Jardín
Сад

Arbusto	Куст
Árbol	Дерево
Banco	Скамья
Césped	Лужайка
Estanque	Пруд
Flor	Цветок
Garaje	Гараж
Hamaca	Гамак
Hierba	Трава
Jardín	Сад
Malezas	Сорняки
Manguera	Шланг
Pala	Лопата
Porche	Крыльцо
Rastrillo	Грабли
Suelo	Почва
Terraza	Терраса
Trampolín	Батут
Valla	Забор

Jazz
Джаз

Artista	Художник
Álbum	Альбом
Canción	Песня
Composición	Состав
Compositor	Композитор
Concierto	Концерт
Estilo	Стиль
Énfasis	Акцент
Famoso	Известный
Favoritos	Избранное
Género	Жанр
Improvisación	Импровизация
Música	Музыка
Nuevo	Новый
Orquesta	Оркестр
Ritmo	Ритм
Talento	Талант
Tambores	Барабаны
Técnica	Техника
Viejo	Старый

Libros
Книги

Autor	Автор
Aventura	Приключение
Colección	Коллекция
Contexto	Контекст
Epopeya	Эпический
Escrito	Написано
Historia	История
Histórico	Исторический
Inmersión	Погружение
Lector	Читатель
Literario	Литературный
Narrador	Рассказчик
Novela	Роман
Palabras	Слова
Página	Страница
Pertinente	Уместный
Poema	Стих
Poesía	Поэзия
Serie	Серии
Trágico	Трагический

Literatura
Литература

Analogía	Аналогия
Análisis	Анализ
Anécdota	Анекдот
Autor	Автор
Biografía	Биография
Comparación	Сравнение
Conclusión	Заключение
Descripción	Описание
Diálogo	Диалог
Estilo	Стиль
Metáfora	Метафора
Narrador	Рассказчик
Novela	Роман
Opinión	Мнение
Poema	Стих
Poético	Поэтика
Rima	Рифма
Ritmo	Ритм
Tema	Тема
Tragedia	Трагедия

Mamíferos
Млекопитающие

Ballena	Кит
Burro	Осел
Caballo	Лошадь
Camello	Верблюд
Canguro	Кенгуру
Cebra	Зебра
Conejo	Кролик
Coyote	Койот
Delfín	Дельфин
Elefante	Слон
Gato	Кошка
Gorila	Горилла
Jirafa	Жираф
Lobo	Волк
Mono	Обезьяна
Oso	Медведь
Oveja	Овца
Perro	Собака
Toro	Бык
Zorro	Лиса

Matemáticas
Математика

Aritmética	Арифметика
Ángulos	Углы
Cuadrado	Площадь
Decimal	Десятичный
Diámetro	Диаметр
Ecuación	Уравнение
Esfera	Сфера
Exponente	Экспонент
Fracción	Фракция
Geometría	Геометрия
Números	Числа
Paralelo	Параллель
Perímetro	Периметр
Perpendicular	Перпендикуляр
Polígono	Полигон
Radio	Радиус
Rectángulo	Прямоугольник
Simetría	Симметрия
Triángulo	Треугольник
Volumen	Объем

Mediciones
Измерения

Altura	Высота
Ancho	Ширина
Byte	Байт
Centímetro	Сантиметр
Decimal	Десятичный
Grado	Степень
Gramo	Грамм
Kilogramo	Килограмм
Kilómetro	Километр
Litro	Литр
Longitud	Длина
Masa	Масса
Metro	Метр
Minuto	Минута
Onza	Унция
Peso	Вес
Profundidad	Глубина
Pulgada	Дюйм
Tonelada	Тонна
Volumen	Объем

Meditación
Медитация

Aceptación	Принятие
Atención	Внимание
Bondad	Доброта
Calma	Спокойный
Claridad	Ясность
Compasión	Сострадание
Emociones	Эмоции
Gratitud	Благодарность
Mental	Умственный
Mente	Ум
Movimiento	Движение
Música	Музыка
Naturaleza	Природа
Observación	Наблюдение
Paz	Мир
Pensamientos	Мысли
Perspectiva	Перспектива
Postura	Поза
Respiración	Дыхание
Silencio	Тишина

Mitología
Мифология

Arquetipo	Архетип
Celos	Ревность
Cielo	Небеса
Comportamiento	Поведение
Creación	Создание
Creencias	Убеждения
Criatura	Существо
Cultura	Культура
Desastre	Катастрофа
Fuerza	Сила
Guerrero	Воин
Héroe	Герой
Inmortalidad	Бессмертие
Laberinto	Лабиринт
Leyenda	Легенда
Monstruo	Монстр
Mortal	Смертный
Rayo	Молния
Trueno	Гром
Venganza	Месть

Moda
Мода

Asequible	Доступный
Bordado	Вышивка
Botones	Кнопки
Boutique	Бутик
Caro	Дорогой
Elegante	Элегантный
Encaje	Кружево
Estilo	Стиль
Mediciones	Измерения
Minimalista	Минималист
Moderno	Современный
Modesto	Скромный
Original	Оригинал
Patrón	Шаблон
Práctico	Практический
Ropa	Одежда
Sencillo	Простой
Tejido	Ткань
Tendencia	Тенденция
Textura	Текстура

Música
Музыка

Armonía	Гармония
Armónico	Гармонический
Álbum	Альбом
Balada	Баллада
Cantante	Певец
Cantar	Петь
Clásico	Классический
Coro	Хор
Grabación	Запись
Instrumento	Инструмент
Melodía	Мелодия
Micrófono	Микрофон
Musical	Музыкальный
Músico	Музыкант
Ópera	Опера
Poético	Поэтика
Ritmo	Ритм
Rítmico	Ритмичный
Tempo	Темп
Vocal	Вокал

Naturaleza
Природа

Abejas	Пчелы
Animales	Животные
Ártico	Арктический
Belleza	Красота
Bosque	Лес
Desierto	Пустыня
Dinámico	Динамический
Erosión	Эрозия
Follaje	Листва
Glaciar	Ледник
Montañas	Горы
Niebla	Туман
Nubes	Облака
Pacífico	Мирный
Refugio	Укрытие
Río	Река
Salvaje	Дикий
Santuario	Святилище
Sereno	Безмятежный
Tropical	Тропический

Negocio
Бизнес

Carrera	Карьера
Costo	Стоимость
Descuento	Скидка
Dinero	Деньги
Economía	Экономика
Empleado	Работник
Empleador	Работодатель
Empresa	Компания
Fábrica	Завод
Finanzas	Финансы
Impuestos	Налоги
Inversión	Инвестиции
Mercancía	Товар
Moneda	Валюта
Oficina	Офис
Presupuesto	Бюджет
Tienda	Магазин
Trabajo	Работа
Transacción	Сделка
Venta	Продажа

Nutrición
Питание

Amargo	Горький
Apetito	Аппетит
Calidad	Качество
Calorías	Калории
Carbohidratos	Углеводы
Cereales	Хлопья
Comestible	Съедобный
Dieta	Диета
Digestión	Пищеварение
Fermentación	Ферментация
Hábitos	Привычки
Nutriente	Нутриент
Peso	Вес
Proteínas	Белки
Sabor	Вкус
Salsa	Соус
Salud	Здоровье
Saludable	Здоровый
Toxina	Токсин
Vitamina	Витамин

Números
Цифры

Catorce	Четырнадцать
Cero	Нуль
Cinco	Пять
Cuatro	Четыре
Decimal	Десятичный
Diecinueve	Девятнадцать
Dieciocho	Восемнадцать
Dieciséis	Шестнадцать
Diecisiete	Семнадцать
Diez	Десять
Doce	Двенадцать
Dos	Два
Nueve	Девять
Ocho	Восемь
Quince	Пятнадцать
Seis	Шесть
Siete	Семь
Trece	Тринадцать
Tres	Три
Veinte	Двадцать

Océano
Океан

Alga	Водоросли
Anguila	Угорь
Arrecife	Риф
Atún	Тунец
Ballena	Кит
Barco	Лодка
Camarón	Креветка
Cangrejo	Краб
Coral	Коралл
Delfín	Дельфин
Esponja	Губка
Mareas	Приливы
Medusa	Медуза
Ostra	Устрица
Pescado	Рыба
Pulpo	Осьминог
Sal	Соль
Tiburón	Акула
Tormenta	Буря
Tortuga	Черепаха

Paisajes
Пейзажи

Cascada	Водопад
Cueva	Пещера
Desierto	Пустыня
Géiser	Гейзер
Glaciar	Ледник
Golfo	Залив
Iceberg	Айсберг
Isla	Остров
Lago	Озеро
Laguna	Лагуна
Mar	Море
Montaña	Гора
Oasis	Оазис
Pantano	Болото
Península	Полуостров
Playa	Пляж
Río	Река
Tundra	Тундра
Valle	Долина
Volcán	Вулкан

Países #1
Страны #1

Alemania	Германия
Argentina	Аргентина
Bélgica	Бельгия
Brasil	Бразилия
Canadá	Канада
Ecuador	Эквадор
Egipto	Египет
España	Испания
Filipinas	Филиппины
Honduras	Гондурас
India	Индия
Italia	Италия
Libia	Ливия
Malí	Мали
Marruecos	Марокко
Nicaragua	Никарагуа
Noruega	Норвегия
Panamá	Панама
Polonia	Польша
Venezuela	Венесуэла

Países #2
Страны #2

Albania	Албания
Australia	Австралия
Austria	Австрия
Dinamarca	Дания
Etiopía	Эфиопия
Francia	Франция
Grecia	Греция
Indonesia	Индонезия
Irlanda	Ирландия
Jamaica	Ямайка
Japón	Япония
Laos	Лаос
México	Мексика
Pakistán	Пакистан
Portugal	Португалия
Rusia	Россия
Siria	Сирия
Sudán	Судан
Ucrania	Украина
Uganda	Уганда

Pájaros
Птицы

Avestruz	Страус
Águila	Орел
Cigüeña	Аист
Cisne	Лебедь
Cuco	Кукушка
Cuervo	Ворона
Flamenco	Фламинго
Ganso	Гусь
Garza	Цапля
Gaviota	Чайка
Gorrión	Воробей
Halcón	Ястреб
Huevo	Яйцо
Loro	Попугай
Paloma	Голубь
Pato	Утка
Pelícano	Пеликан
Pingüino	Пингвин
Pollo	Курица
Tucán	Тукан

Pesca
Рыбалка

Agua	Вода
Aletas	Плавники
Barco	Лодка
Branquias	Жабры
Cable	Провод
Cebo	Приманка
Cesta	Корзина
Cocinar	Повар
Equipo	Оборудование
Exageración	Преувеличение
Gancho	Крюк
Lago	Озеро
Mandíbula	Челюсть
Océano	Океан
Paciencia	Терпение
Peso	Вес
Playa	Пляж
Río	Река
Temporada	Сезон

Plantas
Растения

Arbusto	Куст
Árbol	Дерево
Bambú	Бамбук
Baya	Ягода
Bosque	Лес
Botánica	Ботаника
Cactus	Кактус
Fertilizante	Удобрение
Flor	Цветок
Flora	Флора
Follaje	Листва
Frijol	Боб
Hiedra	Плющ
Hierba	Трава
Hoja	Лист
Jardín	Сад
Musgo	Мох
Pétalo	Лепесток
Raíz	Корень
Sol	Солнце

Profesiones #1
Профессии #1

Abogado	Адвокат
Astrónomo	Астроном
Atleta	Спортсмен
Bailarín	Танцор
Banquero	Банкир
Bombero	Пожарный
Cartógrafo	Картограф
Cazador	Охотник
Doctor	Врач
Editor	Редактор
Embajador	Посол
Enfermera	Медсестра
Entrenador	Тренер
Fontanero	Водопроводчик
Geólogo	Геолог
Joyero	Ювелир
Músico	Музыкант
Pianista	Пианист
Psicólogo	Психолог
Veterinario	Ветеринар

Profesiones #2
Профессии #2

Astronauta	Астронавт
Bibliotecario	Библиотекарь
Biólogo	Биолог
Cirujano	Хирург
Dentista	Стоматолог
Detective	Детектив
Filósofo	Философ
Fotógrafo	Фотограф
Ilustrador	Иллюстратор
Ingeniero	Инженер
Inventor	Изобретатель
Investigador	Исследователь
Jardinero	Садовник
Lingüista	Лингвист
Médico	Врач
Periodista	Журналист
Piloto	Пилот
Pintor	Художник
Profesor	Учитель
Zoólogo	Зоолог

Psicología
Психология

Clínico	Клинический
Cognición	Познание
Comportamiento	Поведение
Conflicto	Конфликт
Ego	Эго
Emociones	Эмоции
Evaluación	Оценка
Experiencias	Опыт
Ideas	Идеи
Inconsciente	Без Сознания
Infancia	Детство
Pensamientos	Мысли
Percepción	Восприятие
Personalidad	Личность
Problema	Проблема
Realidad	Реальность
Sensación	Сенсация
Subconsciente	Подсознание
Sueños	Мечты
Terapia	Терапия

Química
Химия

Alcalino	Щелочной
Ácido	Кислота
Calor	Жара
Carbono	Углерод
Catalizador	Катализатор
Cloro	Хлор
Electrón	Электрон
Enzima	Фермент
Gas	Газ
Hidrógeno	Водород
Ion	Ион
Líquido	Жидкость
Metales	Металлы
Molécula	Молекула
Nuclear	Ядерный
Oxígeno	Кислород
Peso	Вес
Reacción	Реакция
Sal	Соль
Temperatura	Температура

Restaurante #2
Ресторан #2

Agua	Вода
Aperitivo	Закуска
Bebida	Напиток
Camarero	Официант
Cena	Обед
Cuchara	Ложка
Delicioso	Вкусный
Ensalada	Салат
Especias	Специи
Fideos	Лапша
Fruta	Фрукт
Hielo	Лед
Huevos	Яйца
Pastel	Торт
Pescado	Рыба
Sal	Соль
Silla	Стул
Sopa	Суп
Tenedor	Вилка
Verduras	Овощи

Ropa
Одежда

Abrigo	Пальто
Blusa	Блуза
Bufanda	Шарф
Calcetines	Носки
Camisa	Рубашка
Chaqueta	Куртка
Cinturón	Пояс
Collar	Ожерелье
Delantal	Фартук
Falda	Юбка
Guantes	Перчатки
Moda	Мода
Pantalones	Брюки
Pijama	Пижама
Pulsera	Браслет
Sandalias	Сандалии
Sombrero	Шляпа
Suéter	Свитер
Vestido	Платье
Zapato	Обувь

Salud y Bienestar #1
Здоровье и Благополучие #1

Activo	Активный
Altura	Высота
Bacterias	Бактерии
Clínica	Клиника
Doctor	Врач
Farmacia	Аптека
Fractura	Перелом
Hambre	Голод
Hábito	Привычка
Hormonas	Гормоны
Huesos	Кости
Medicina	Медицина
Músculos	Мышцы
Piel	Кожа
Postura	Поза
Reflejo	Рефлекс
Relajación	Релаксация
Terapia	Терапия
Tratamiento	Лечение
Virus	Вирус

Salud y Bienestar #2
Здоровье и Благополучие #2

Alergia	Аллергия
Anatomía	Анатомия
Apetito	Аппетит
Caloría	Калория
Deshidratación	Обезвоживание
Dieta	Диета
Digestión	Пищеварение
Energía	Энергия
Enfermedad	Болезнь
Estrés	Стресс
Genética	Генетика
Higiene	Гигиена
Hospital	Больница
Infección	Инфекция
Masaje	Массаж
Nutrición	Питание
Peso	Вес
Saludable	Здоровый
Sangre	Кровь
Vitamina	Витамин

Suministros de Arte
Художественные Принадлежности

Aceite	Масло
Acrílico	Акриловый
Acuarelas	Акварели
Agua	Вода
Arcilla	Глина
Borrador	Ластик
Caballete	Мольберт
Cámara	Камера
Cepillos	Щетки
Colores	Цвета
Creatividad	Креативность
Ideas	Идеи
Lápices	Карандаши
Mesa	Стол
Papel	Бумага
Pasteles	Пастели
Pegamento	Клей
Pinturas	Краски
Silla	Стул
Tinta	Чернила

Tiempo
Время

Ahora	Сейчас
Antes	До
Anual	Ежегодный
Año	Год
Ayer	Вчера
Calendario	Календарь
Década	Десятилетие
Día	День
Futuro	Будущее
Hora	Час
Hoy	Сегодня
Mañana	Утро
Mediodía	Полдень
Mes	Месяц
Minuto	Минута
Momento	Момент
Noche	Ночь
Reloj	Часы
Semana	Неделя
Siglo	Век

Tipos de Cabello
Типы Волос

Blanco	Белый
Brillante	Блестящий
Cabelludo	Скальп
Calvo	Лысый
Corto	Короткая
Delgada	Тонкий
Gris	Серый
Grueso	Толстый
Largo	Длинный
Marrón	Коричневый
Negro	Черный
Plata	Серебро
Rizado	Кудрявый
Rizos	Кудри
Rubio	Блондин
Saludable	Здоровый
Seco	Сухой
Suave	Мягкий
Trenzado	Плетеный
Trenzas	Косы

Universo
Вселенная

Asteroide	Астероид
Astronomía	Астрономия
Astrónomo	Астроном
Atmósfera	Атмосфера
Celestial	Небесный
Cielo	Небо
Cósmico	Космический
Ecuador	Экватор
Galaxia	Галактика
Hemisferio	Полусфера
Horizonte	Горизонт
Latitud	Широта
Longitud	Долгота
Luna	Луна
Oscuridad	Темнота
Órbita	Орбита
Solar	Солнечный
Solsticio	Солнцестояние
Telescopio	Телескоп
Visible	Видимый

Vacaciones #2
Отпуск #2

Aeropuerto	Аэропорт
Carpa	Палатка
Extranjero	Иностранный
Fotos	Фото
Hotel	Отель
Isla	Остров
Mapa	Карта
Mar	Море
Montañas	Горы
Ocio	Досуг
Pasaporte	Паспорт
Playa	Пляж
Reservas	Бронирование
Restaurante	Ресторан
Taxi	Такси
Transporte	Транспорт
Tren	Поезд
Vacaciones	Праздник
Viaje	Путешествие
Visa	Виза

Vehículos
Транспортные Средства

Autobús	Автобус
Avión	Самолет
Balsa	Плот
Barco	Лодка
Bicicleta	Велосипед
Camión	Грузовик
Caravana	Караван
Coche	Автомобиль
Cohete	Ракета
Ferry	Паром
Furgoneta	Фургон
Helicóptero	Вертолет
Lanzadera	Челнок
Metro	Метро
Motor	Мотор
Neumáticos	Шины
Scooter	Скутер
Taxi	Такси
Tractor	Трактор
Tren	Поезд

Verduras
Овощи

Ajo	Чеснок
Alcachofa	Артишок
Apio	Сельдерей
Berenjena	Баклажан
Brócoli	Брокколи
Calabaza	Тыква
Cebolla	Лук
Ensalada	Салат
Espinacas	Шпинат
Guisante	Горох
Jengibre	Имбирь
Nabo	Репа
Oliva	Оливка
Patata	Картофель
Pepino	Огурец
Perejil	Петрушка
Rábano	Редис
Seta	Гриб
Tomate	Помидор
Zanahoria	Морковь

Enhorabuena

Lo has conseguido!

Esperamos que hayas disfrutado de este libro tanto como nosotros al diseñarlo. Nos esforzamos por crear libros de la máxima calidad posible.
Esta edición está diseñada para proporcionar un aprendizaje inteligente, de calidad y divertido!

¿Te ha gustado este libro?

Una Petición Sencilla

Estos libros existen gracias a las reseñas que se publican.
¿Podrías ayudarnos dejando una reseña ahora?
Aquí tienes un breve enlace a la página de reseñas

BestBooksActivity.com/Opiniones50

¡DESAFÍO FINAL!

Reto n°1

¿Estás listo para tu juego gratis? Los utilizamos siempre, pero no son tan fáciles de encontrar. ¡Aquí están los **Sinónimos**!
Escribe 5 palabras que hayas encontrado en los rompecabezas (#21, #36, #76) y trata de encontrar 2 sinónimos para cada palabra.

Escriba 5 palabras del ***Puzzle 21***

Palabras	Sinónimo 1	Sinónimo 2

Escriba 5 palabras del ***Puzzle 36***

Palabras	Sinónimo 1	Sinónimo 2

Escriba 5 palabras del ***Puzzle 76***

Palabras	Sinónimo 1	Sinónimo 2

Reto n°2

Ahora que te has calentado, escribe 5 palabras que hayas encontrado en los Puzzles 9, 17 y 25 e intenta encontrar 2 antónimos para cada palabra. ¿Cuántos puedes encontrar en 20 minutos?

Escriba 5 palabras del ***Puzzle 9***

Palabras	Antónimo 1	Antónimo 2

Escriba 5 palabras del ***Puzzle 17***

Palabras	Antónimo 1	Antónimo 2

Escriba 5 palabras del ***Puzzle 25***

Palabras	Antónimo 1	Antónimo 2

Reto n°3

¡Genial! Este desafío final  no es nada para ti.

¿Preparado para el reto final? Elige 10 palabras que hayas descubierto en los diferentes rompecabezas y escríbelas a continuación.

1.	6.
2.	7.
3.	8.
4.	9.
5.	10.

Ahora escribe un texto pensando en una persona, un animal o un lugar que te guste.

Puedes usar la última página de este libro como borrador.

Tu Composición:

CUADERNO DE NOTAS :

HASTA PRONTO !

Todo el Equipo

www.ingramcontent.com/pod-product-compliance
Lightning Source LLC
Chambersburg PA
CBHW082038120626
46553CB00011B/3203
9798896703655